# MULHERES EM *performance*

PROGRAMA DE DESENVOLVIMENTO PESSOAL

EDITORA
CHAVE MESTRA®

Título original em Português:
Mulheres em performance
Programa de desenvolvimento pessoal



Direção editorial: Raquel Medeiros
Coordenação de revisão: Híllona Anjos
Diagramação: Daniel Marchesani
Branding de capa: Daniel Marchesani



**Dados Internacionais de Catalogação na Publicação (CIP)**

**Medeiros, Raquel (org)**
**M488 Mulheres em performance / Raquel Medeiros (org) – São Paulo, SP: Editora Chave Mestra, 2023. 256 p. : 16 x 23 cm - 2ª edição**

**ISBN 978-65-995769-7-3**

**1. Mulheres. 2. Mindset. 3. Inteligência emocional 4. Inteligência espiritual. 5. Sucesso nos negócios. 6. Desenvolvimento pessoal I. Título.**

**CDD 158.1**

EDITORA
CHAVE MESTRA®

# Sumário

EDUCAR,
DAR LIMITES:
OS PRINCÍPIOS
PARA CRIAR
FILHOS
VITORIOSOS

# Prefácio

É preciso desmistificar que nós mulheres temos que escolher entre ter uma família feliz ou ser uma profissional de sucesso. É possível viver essas duas realidades sem culpa e sem medo de estar traindo o propósito que Deus tem pra nós.

O significado de Performance é realização, atuação, desempenho! O livro que você tem em mãos é uma pérola preciosa que vai te levar a uma jornada de 30 dias de entendimento e ação para que você possa realizar e desempenhar o seu papel no mundo. O convite inicial é que você tome consciência da sua real identidade!

Permita-se, aprecie a sua essência, tome posse das suas características positivas e admire todos os dias (começando por esses 30 dias), quem você é. Aprender é igual mudar! 30 mulheres resolveram pagar o preço, com humildade, perseverança e coragem decidiram entrar em uma jornada superando o passado e com muita garra e alegria fizeram mudanças nas suas rotinas, no estilo de vida, na forma de se relacionar com outros.

Muitos frutos estão sendo colhidos na vida pessoal e profissional, mas como guardar só para si os aprendizados e as rotas vividas?

A decisão foi tomada...Faremos chegar a todas as mulheres aquilo que vivemos e vamos dizer ao mundo que ***"É possível ser mulher em alta performance!"***. Aproveite a oportunidade de, junto com essas mulheres, fazer o que for preciso para viver a sua melhor versão, aquela pensada por Deus.

Sara Braga

Esposa, mãe, escritora,

*master coach*, pedagoga.

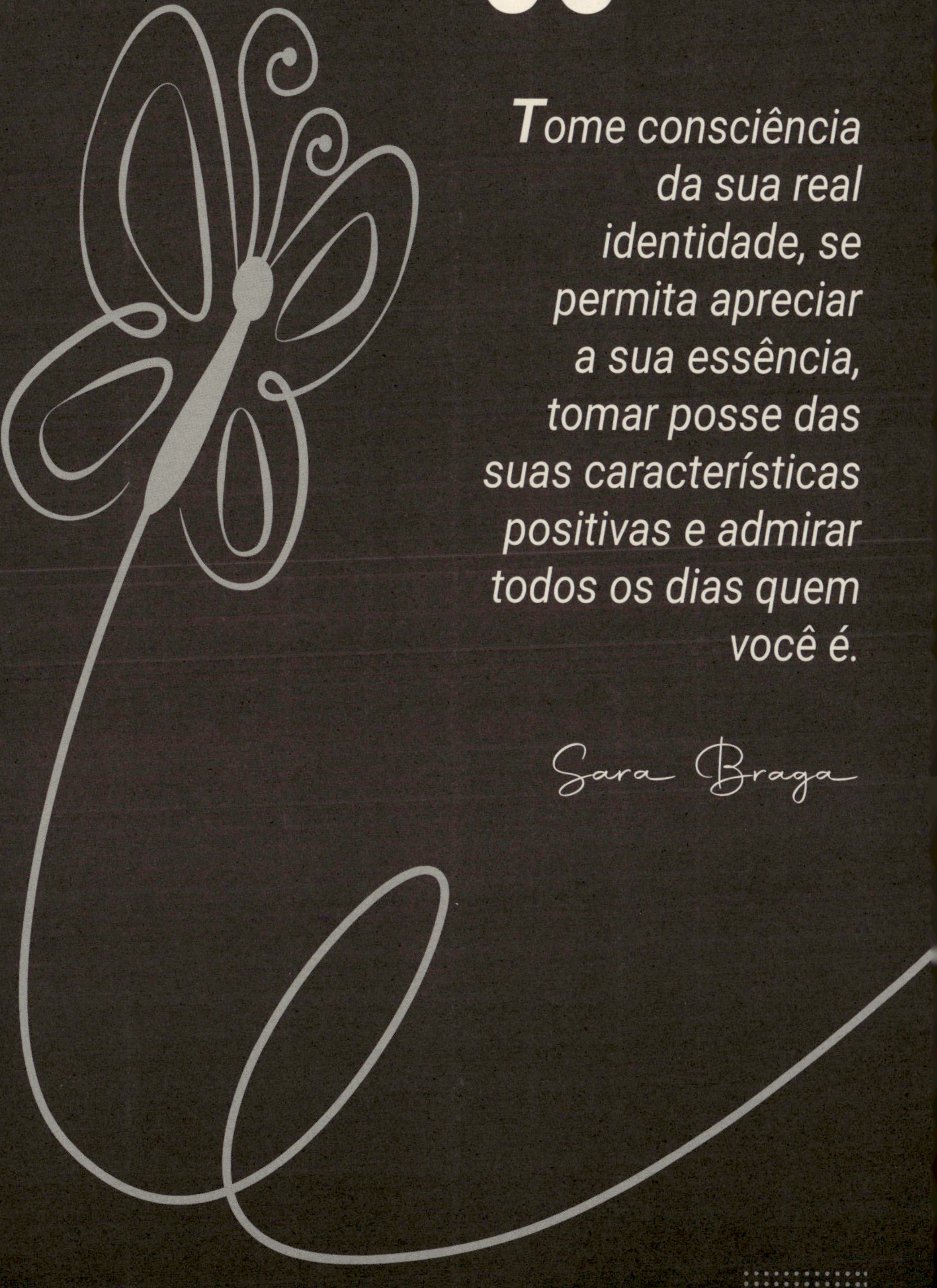

*Tome consciência da sua real identidade, se permita apreciar a sua essência, tomar posse das suas características positivas e admirar todos os dias quem você é.*

Sara Braga

# Bruna Mattos

Filha, irmã, esposa, mãe da Helena, pós-graduada Lato Sensu pela FGV em Gestão Empresarial, mestre pela Universidade Federal da Bahia (UFBA), graduada em Biomedicina. treinadora e analista comportamental com formação em *Coaching* Integral Sistêmica pela Febracis.

Apaixonada pelo estudo do comportamento humano e como podemos ser imparáveis quando vivemos alinhados com nosso propósito e nosso pensamento.

*dra_brunamattos*

*mattos.bruna@hotmail.com*

*Converse com a Dra Bruna Mattos no WhatsApp:*

*https://wa.me/message/72JJD2EUKGCRI1*

# O despertar da Consciência

# 01

Por Bruna Mattos

*"Assim como tu pensas, tu és." (Provérbios23:7)*

Quando me deparei com o tema "o despertar da consciência", foi como se uma luz incidisse sobre mim, poder expressar em palavras esse processo é extraordinário, e me sinto extremamente grata de estar com você na trilha rumo a essa nova jornada de autoconhecimento, descoberta, mudança. E como iniciei a minha jornada? Apesar de estar vivendo uma vida considerada feliz e plena por muitos, alguma coisa me faltava, e fui em busca do meu propósito e o que me faria viver em plenitude. Digo sempre que a escolha pelo autoconhecimento não é indolor, tem diversos desafios, mas se encontrar é libertador!

Quando você se permite ir além, descobre que nada é impossível. Depois de ler o livro O Poder da Autorresponsabilidade, do Paulo Vieira, muitas fichas caíram. Compreendi que tudo do que eu precisava realmente, estava dentro de mim, e que estava vivendo contra meus valores, por isso não me encontrava na posição que estava. A partir daí, tenho me dedicado a conhecer mais sobre o tema e também ajudado outras pessoas. As nossas vidas são pautadas em decisões, e o que você tem decidido? Não importa o que você viveu, viu e ouviu durante sua vida que formou as suas crenças, se você quiser verdadeiramente você pode mudar.

Gostaria de fazer-lhe um convite, permita-se viver esse processo! Acredito fielmente que existe um porquê, uma força poderosa e divina que deseja que você viva dias ainda melhores e em abundância.

A consciência é a principal característica humana. É a nossa parte divina, que nos conecta com nosso Deus, que nos avisa que estamos agindo certo ou errado, é a percepção ou conhecimento que permite ao ser humano vivenciar, experimentar ou compreender os aspectos ou a totalidade do seu mundo interior. Através dela compreendemos que somos os únicos responsáveis pela vida que levamos e pelos resultados que obtemos e que nossas histórias e escolhas do passado se refletem em nosso presente, assim como o presente irá impactar no nosso futuro.

A tomada de consciência é expansão da mente, digo sempre que funciona como uma venda que cai dos nossos olhos e podemos verdadeiramente enxergar que a nossa grama é mais verde, que nossa casa é a mais bela, que nossa família é a mais perfeita, não como na brincadeira de Poliana, mas sim com verdade, pois entendemos que estamos vivendo em nosso tempo e paramos de olhar para o tempo do outro.

Ao nos posicionarmos corretamente na linha do tempo, muitos sentimentos de angústia e cobrança interna não farão mais sentindo, e aí sim, conseguiremos verdadeiramente viver o presente e entender que cada um tem e vive em seu tempo. Assumimos o comando do barco de nossas vidas e não nos sentimos mais à deriva, não podemos controlar o vento e as tempestades, mas quando estamos no comando podemos usar todas essas variáveis a nosso favor.

Tomar a consciência de nossos sentimentos no momento exato em que eles ocorrem, é a base fundamentadora da inteligência emocional, como já dizia Sócrates "Conhece-te a ti mesmo" e assim, poderás viver em harmonia e plenitude.

Conta uma lenda japonesa, que está descrita no livro Inteligência Emocional de Daniel Goleman, que certa vez um guerreiro Samurai desafiou um mestre Zen a explicar os conceitos de céu e inferno, mas o monge disse: "Não passas de um bruto, não vou desperdiçar meu tempo com gente da tua laia!"

Atacado na própria honra, o Samurai teve um acesso de fúria e, sacando a espada da bainha, berrou:

— Eu poderia te matar por tua impertinência!

— Isso — respondeu calmamente o monge – é o inferno.

Espantado por reconhecer como verdadeiro o que o mestre dizia acerca da cólera que o dominara, o Samurai acalmou-se, embainhou a espada e fez uma mesura, agradecendo ao monge a revelação.

— E isso - disse o monge — é o Céu.

A súbita consciência do Samurai sobre seu estado de agitação, ilustra a crucial diferença entre se permitir ser possuído por um sentimento e tomar consciência de que está sendo arrebatado por ele. O ***mindfullness*** pode ser uma aliada nesta etapa e te convido a praticá-la sempre que necessário. Quando sentir ansiedade por estar com muitas atividades que te absorvem, pare, respire fundo três vezes e traga a sua mente para o estado atual, sinta seu corpo, sua respiração e tome consciência sobre você e sobre o que você está fazendo, e se pergunte: por que estou fazendo isso? Por que tive essa reação ou esse sentimento?

Para que haja crescimento e desenvolvimento humano, é necessário que se gere primeiramente consciência, fator determinante do progresso humano. Daniel Goleman traz no livro Inteligência Emocional o conceito de autoconsciência, que se refere ao sentido de permanente atenção ao que estamos sentindo internamente, não é uma atenção que se deixa levar pelas emoções, reagindo com exagero e amplificando a percepção. Ao contrário, é um modo neutro, que mantém a autorreflexividade mesmo em meio a emoções turbulentas. É a consciência das emoções e do processo de pensar.

No livro O poder da Autorresponsabilidade, Paulo Vieira nos traz uma maneira simplificada de entendermos a consciência, segmenta-a em três partes:

**Consciência Plena**: É a perfeita consciência e compreensão de si e do mundo de forma rápida e precisa. Tal percepção faz desta pessoa um forte candidato ao sucesso pessoal e profissional.

**Consciência Relativa**: É a compreensão limitada, situacional, influenciável e precária da realidade de si e do mundo a sua volta. A percepção parcial da realidade faz com que essa pessoa tome decisões sábias em alguns momentos e terríveis em outros.

**Consciência Disfuncional**: É a noção incompleta, irreal e debilitada a respeito de quem é e do mundo que o cerca. Esse estado de disfuncionalidade pode ser vivido de forma permanente, em pessoas mentalmente doentes, ou temporariamente quando expostas a um estresse ou a uma grande dor.

A trajetória humana deveria ser uma jornada que se inicia na consciência disfuncional, passando pela consciência relativa e terminando na consciência plena. A inteligência emocional só será atingida, quando o indivíduo for capaz de se responsabilizar pelo seu crescimento nas mais diversas áreas da vida como também de contribuir para o crescimento das pessoas que o cercam.

Quero te convidar a preencher a ferramenta do Mapa da Autoavaliação Sistêmica (MAAS) disponível através do QR abaixo.

Ao receber a ferramenta, marque na régua do círculo, que nota de 0 a 10 você daria para cada pilar da sua vida. Abaixo deixo algumas perguntas para te ajudar a refletir.

**Pilar espiritual:** Você tem dedicado tempo e atenção ao seu relacionamento com o seu Deus? Que nota você daria para a quantidade e qualidade desse tempo?

**Pilar Parentes:** O quanto você tem vivido uma relação de qualidade com carinho, beijo e abraço com seus pais e irmãos?

**Pilar Conjugal:** Você é plenamente feliz com seu cônjuge? Elogia, olha nos olhos, tem uma vida sexual ativa e saudável? Ou estando solteira, como você se avalia diante disso (10 estou muito bem solteira, 0 não estou feliz por estar solteira)?

**Pilar filhos:** Você tem filhos? Como está seu relacionamento com eles? Se não tiver filhos, como está com relação a isso?

**Pilar Social:** Você tem amizades verdadeiras? Você tem um hobby? Com que frequência você desfruta desse pilar? (Note que o excesso de atividades sociais também é disfuncional e deve ser avaliado).

**Pilar Saúde:** Você está satisfeito com sua aparência? Como está a sua saúde? Os seus exames estão em dia? Você tem feito exercício físico?

**Pilar Servir**: Você consegue enxergar as necessidades dos outros? Tem ajudado a comunidade em que faz parte sem esperar nada em troca?

**Pilar Intelectual:** Você tem adquirido conhecimento tanto para o seu crescimento pessoal quanto para o seu cognitivo? O quanto tem colocado em prática o conhecimento adquirido?

**Pilar Financeiro**: Você está satisfeito com sua renda e com sua conta bancária? Sua vida financeira é estável e frutífera? Poupa, investe e doa?

**Pilar Profissional:** Você está satisfeito com sua carreira? Como está seu nível de desempenho, de crescimento e de resultados nessa área?

**Pilar Emocional:** Quais sentimentos lhe vem ao acordar? Você se sente feliz ou triste? Como você se comporta diante dos desafios diários? Consegue identificar suas emoções e lhe dar bem com elas?

Após marcar os pontos, ligue-os e observe a figura que se forma. A roda que simboliza a sua vida, gira? Qual aprendizado você extrai dessa ferramenta e quais decisões/ações você decide tomar?

“

*Quando você se permite ir além, descobre que nada é impossível.*

Bruna Mattos

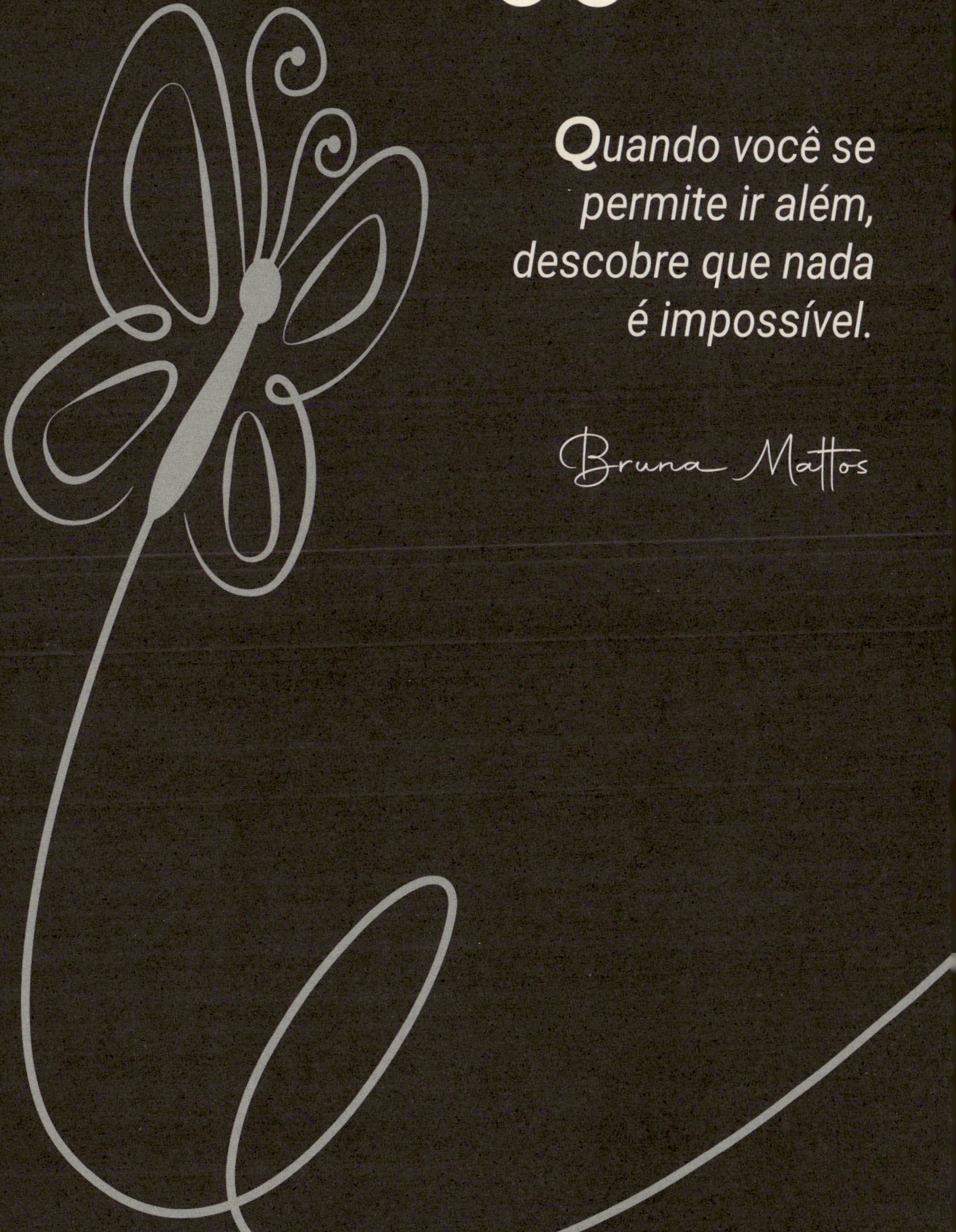

# Telma Schmitt

Serva do Deus Altíssimo, esposa, mãe e amiga. Bacharel em Serviço Social (UNIRB), *master* treinadora comportamental formada em *Coaching* Integral Sistêmico e analista de perfil comportamental pela Federação Brasileira de *Coaching* Integral Sistêmico. Criadora do Programa Mulheres Determinadas, diaconisa na Igreja Batista da Família (IBF), líder do Curso Casados para Sempre (IBF) e tenho como propósito de vida, dado por Deus, ajudar mulheres a se determinarem e viverem a sua verdadeira identidade.


telmaschmitt.oficial

telmaschmitt

telmaschmittcoach@gmail. com

+55 (71) 98201-7916

# A identidade
da Mulher

02

Por Telma Schmitt

## Encontrando minha verdadeira identidade

Em tempos de palavras e comportamentos contraditórios, existe algo avassalador que chamo de "questionamento" e você pode concordar comigo que, todos nós, questionamos algo, alguém ou a nós mesmos. Isso acontece na maioria das vezes de forma involuntária. Mas por que isso acontece?

Por muitos anos da minha vida eu tive um questionamento interno, buscando respostas onde não haviam perguntas, faltava algo para esclarecer, uma busca incessante pelo desconhecido: "a minha identidade". Foi nesse momento que o desconhecido se fez conhecido, foi quando surgiu a pergunta magna: "quem eu sou"? Eu sou Telma, trabalho em tal lugar, faço isso, tenho aquilo. . . Eu entregava um extenso currículo para os outros, de tudo que eu fazia e tinha. Será que eu sou só isso? Quem eu sou?"

Segundo o dicionário Priberam, identidade significa: "qualidade de idêntico", circunstância de um indivíduo ser aquele que diz ser ou aquele que outrem presume que ele seja. Essa definição reforça o que foi definido desde a fundação do mundo. E Deus disse: *"Façamos o ser humano à nossa imagem, conforme a nossa semelhança"*. Gênesis 1:26.

Essa afirmação traz consigo um privilégio, um norte, onde eu e você podemos nos fundamentar e entender que: eu não sou o que faço ou o que tenho e muito menos o que os outros pensam ou acham, eu sou a imagem e semelhança de Deus. Ser o reflexo de Deus coloca-nos em uma posição de honra, porém com uma grande responsabilidade. Isso implica em pensar antes de agir, sentir com o coração e perguntar diariamente: "Em meu lugar, o que Deus faria"?

Em uma manhã de devocional, lendo o livro de Mateus, o Espírito Santo trouxe ao meu coração algumas reflexões sobre identidade, foi algo surpreendente, pois o capítulo 26 descreve toda a conspiração contra Jesus. A primeira coisa que o texto relata é a traição de Judas, o qual tinha combinado um sinal com os chefes dos sacerdotes, dizendo-lhes: "Aquele a qual eu saudar com um beijo, é Ele, prenda-o". A bíblia relata que era noite e sendo noite, sabemos que estava escuro. Mas algo me chama atenção: Por que Judas combina um código com os soldados? Seria só por causa da escuridão no local, ou por conta da aparência dos discípulos com Jesus, os quais com o caminhar junto ao Mestre, fez com que eles se tornassem semelhante a Ele?

Cada um dos discípulos tinha o seu perfil, costumes e crenças e, quando Jesus os chamou, com certeza Ele não disse: venha você, porque é manso; você, porque é pescador; você porque é publicano. Jesus vinha com uma palavra simples: segue-me. O seguir a Jesus, significou o início do processo de descoberta da verdadeira identidade deles. "*Deus só conferiu essa honra à humanidade. Ele não fez mais nada à sua imagem. Em termos práticos, isso significa que Deus nos criou para reproduzir, ou refletir sua imagem tal como um espelho*". Mark Driscoll.

Isso me fez reprogramar a crença limitante referente a minha identidade, passei a entender a importância da minha existência, pois carrego comigo, a imagem de Deus. Uau! Isso é extraordinário! Comecei a enxergar o meu valor, ter mais segurança nas minhas atitudes e entender que precisava viver o propósito d'Ele para minha vida, pois o propósito não é meu, foi Ele quem me deu. Enfim, compreendi que tudo que Deus criou é bom, pois todo o criador coloca a sua essência no que faz e nós somos a sua criação.

Deus sabe tudo sobre cada um de nós e nos ama incondicionalmente. Ele nos aprova e mesmo não aprovando tudo o que fazemos, sempre nos tem como seus filhos amados, herdeiros e mais que vencedores. Uma das maiores decisões que tomei em minha vida, foi quando eu escolhi aceitar e apreciar a mim mesma. A minha ficha caiu e descobri que só eu conseguiria viver a minha verdadeira identidade, ou seja, ninguém por mais que me ame, será capaz de viver isso por mim, é algo singular e pessoal de cada um de nós. Compreender a nossa verdadeira identidade é uma necessidade vital para nossa existência. Vital significa: algo que é necessário para a manutenção da vida. É fundamental que eu me conheça, entendendo que não sou obra do acaso, e faço parte do plano original de Deus. Se Deus me criou com um propósito, logo, eu preciso descobri-lo. E é nesse processo de descoberta, que eu firmo minha real identidade. Propósito nada mais é do que a finalidade ou projeto que o Criador utilizou quando nos criou. *"Cada um de nós supre uma necessidade, e todos fazemos parte do plano geral de Deus. Quando nos esforçamos para ser como os outros, não apenas nos perdemos, como também entristecemos o Espírito Santo."* Joyce Meyer

Durante a infância, fase em que a mente é como uma cidade em construção, não é comum falar sobre identidade e muito menos ensinar, assim, lacunas vão sendo abertas. Tudo que é visto, ouvido e sentido acaba virando uma verdade absoluta, que é carregada durante a vida, impedindo que a desfrutemos como está descrito em João 10:10, onde Jesus diz: *"Eu vim para que tenham vida e vida em abundância"*. Muitas pessoas não conseguem viver uma vida abundante, devido a uma distorção na sua identidade e isso se dá devido a junção de crenças que são instaladas em nossas vidas.

Elas se apresentam em três estruturas: crença de identidade **(Ser)**; crença de capacidade **(Fazer)**; crença de merecimento **(Ter)**. A primeira estrutura, *eu sou*, essa é a minha base, onde eu fortaleço a minha identidade, aqui está a minha gênese. A segunda estrutura é o que eu sou capaz de fazer com as habilidades e os talentos naturais concedidos por Deus; a terceira estrutura é o resultado das duas primeiras, o que eu sou e o que eu faço vai determinar o meu resultado, ou seja, o que eu vou ter. A sociedade atual quer inverter essa ordem dizendo que você precisa *ter*, o que implica em uma busca por riquezas, bens materiais, roupas de grife e carro do ano. Não que seja errado ou pecado, mas isso não é o primordial. Em seguida ela diz que eu preciso fazer, para depois *ser*. O que você faz ou tem, não pode determinar quem você é, porém é nesse padrão que a sociedade atual quer nos moldar. Sendo assim, nunca chegaremos perto de definir a nossa real identidade.

*"Não se amoldem ao padrão deste mundo, mas transformem-se pela renovação da sua mente, para que sejam capazes de experimentar e comprovar a boa, agradável e perfeita vontade de Deus"*. Romanos 12:2

O não se amoldar ao padrão deste mundo, significa viver conforme a semelhança de Cristo, desfrutando dos benefícios genuínos que só Ele pode nos proporcionar. É renunciar ao seu próprio eu; é ter obediência aos mandamentos; é sair de uma caixa onde estou espremida, na qual busco a todo custo caber nela, cedendo às pressões de todos a minha volta, para agradar e ser aceita, na verdade, vivendo na dependência do próximo; é profetizar que sou filha de Deus, imagem e semelhança d'Ele, inteligente e determinada.

Existem pessoas que podem profetizar coisas sobre si mesmo, mas não internalizam e não acreditam verdadeiramente no que estão dizendo, pois na verdade, estão falando da "boca para fora", e algo dito dessa forma não traz transformação. Essa verdade tem que ser de fora para dentro. É trazer a existência aquilo que não existe como se já existisse; é trazer a memória o que me dá esperança e me impulsiona ao ponto de não duvidar que essa é a minha melhor versão. Essa sou eu. Essa é você, saindo do natural para viver o sobrenatural, obtendo cada promessa que nos foi conferida desde quando éramos uma substância ainda informe. Sendo assim, te convido a fazer uma reflexão profunda sobre quem você é, começando após o término da leitura deste capítulo. Deixarei aqui um exercício rotineiro, onde você irá escrever 30 características positivas, nas quais irão sempre começar com "EU SOU. . . ".

EU SOU filha de Deus.

EU SOU amada.

EU SOU vitoriosa.

Essas são algumas das características que eu enxerguei em mim quando fiz esse exercício pela primeira vez, e isso me ajudou a fortalecer minha real identidade. Hoje, após alguns anos fazendo esse processo diário, consigo enxergar em mim, muito mais do que só 30 características. Eu tenho a certeza de que isso irá lhe ajudar a saber quem você é e eu oro para que isso aconteça. Obrigada pela oportunidade de te ajudar no início desse processo. Que Deus Pai, Deus Filho e o Espírito Santo de Deus estejam com você nessa jornada ao encontro da sua verdadeira identidade.

"

*Ser o reflexo de Deus nos coloca em uma posição de honra, porém com uma grande responsabilidade. Isso implica pensar antes de agir, sentir com o coração e perguntar diariamente: 'Em meu lugar, o que Deus faria'?*

Telma Schmitt

# Raquel Medeiros

Empreendedora, sócia-fundadora do Grupo Chave Mestra de Educação ( Editora Chave Mestra; e IDEC - Instituto de Desenvolvimento Comportametal ), graduada em Relações Internacionais pela Universidade Lusíada do Porto (Portugal).

Especialista em inteligência espiritual e emocional com foco no desenvolvimento de mulheres, de famílias e de casais. Palestrante e treinadora comportamental, criadora do Programa de Desenvolvimento de Mulheres "Quase Pronta, Mas Já Plena".

Cristã, filha do Deus de amor e ministra de louvor.

Filha de Lêda Dantas (*in memorian*) e de Geraldo. Casada há 20 anos com Rogério Vale, mãe de Rogério Filho (7).


raquelmedeirosoficial

raquelddmed@gmail.com

+55 (11) 91302-2355

# **Quase pronta,** mas já plena!

03

Raquel Medeiros

*"Aquele que é a Palavra tornou-se carne e viveu entre nós. Vimos a sua glória, glória como do Unigênito vindo do Pai, cheio de graça e de verdade. João dá testemunho dele. Ele exclama: "Este é aquele de quem eu falei: aquele que vem depois de mim é superior a mim, porque já existia antes de mim". Todos nós temos recebido da sua plenitude, graça sobre graça.*

*João 1:14-16*

Este é o terceiro capítulo de um livro que fala sobre comportamento, atuação, performance de mulheres que em suas jornadas de desenvolvimento decidiram dar crédito e se dedicar ao conhecimento já disponível sobre desenvolvimento humano e, no meu caso, fazer um paralelo sobre este conhecimento com aquele outro milenar e precioso encontrado no livro mais lido do mundo, a Bíblia Sagrada, aplicando-o em suas vidas e colhendo os frutos disso. Nesse capítulo eu quero compartilhar com você algumas experiências que eu vivi e que eu espero que contribuam pra que você também viva plenitude de vida, hoje, mesmo que você ainda não se considere "pronta"! Vou lhe dar alguns exemplos e dicas de como você agir para viver uma vida que de fato vale a pena ser vivida. Fazendo referência à frase utilizada por Flávio Augusto como título do seu livro *Ponto de Inflexão,* considero o ano de 2018 como esse marco de virada de chave e mudança de rumo em minha trajetória.

Ao me deparar com uma vida totalmente disfuncional na maioria dos meus pilares fundamentais, me dei conta de que eu não estava usufruindo dos benefícios da plenitude de Cristo, já disponíveis para mim, segundo o apóstolo João relatou em seu livro. Lembro de cada detalhe da noite em que fui para uma palestra baseada no livro Poder da Ação do PhD Paulo Vieira, ministrada por Dulce Mariano, hoje minha amiga e diretora da Febracis/BA, onde eu vivi pela primeira vez a ferramenta MAAS (Mapa de Auto Avaliação Sistêmica).

Aos 37 anos de idade me vi longe de Deus, sem viver o meu propósito, sem sonhos, sem conexão de amor com os meus parentes, sem tempo pra mim nem pra minha vida social, quase separada do meu esposo Rogério Vale com quem eu já estava casada há 14 anos e "mãe de primeira viagem" de um filho lindo que eu precisava deixar tempo integral em uma creche mesmo ele estando em fase de recuperação de um procedimento cirúrgico ao qual havia sido submetido com 5 meses de vida. Eu tinha minha saúde física e emocional devastadas, eu estava exausta, financeiramente comprometida e atribulada por estar hiper posicionada como a mantenedora do meu lar, profissionalmente estressada embora bem posicionada na empresa multinacional da indústria farmacêutica na qual eu trabalhava naquela época.

Foi nessas circunstâncias que eu cheguei naquela palestra onde Dulce me apresentou uma vida abundante. Eu até ouvia falar, já havia pregado sobre ela, mas que quanto mais eu fazia, fazia e fazia coisas para alcançá-la mais eu me afastava dela.Também foi ali que eu escolhi viver na plenitude a totalidade do meu propósito. E, acredite, o fato de você estar agora lendo esse livro faz parte do cumprimento desse processo e dessa verdade em minha vida.

**Mas afinal o que significa plenitude?**

A palavra Plenitude vem do Latim *plenitudo*, "abundância, estado do que é cheio ou completo", de *plenus* "cheio, repleto, aquilo cujo espaço interior se encontra ocupado, o que se apresenta em toda sua potência". No mundo helênico, plenitude é designada como *pléroma*, vinculada ao verbo *pleróo*, como expressão de totalidade, complemento, saciedade. Estamos falando de algo que tem sido preenchido, algo que alcança completude.

Para mim é maravilhoso entender o fundamento sobre o que é plenitude e saber que Deus, em sua palavra, nos afirma que nós já recebemos da Sua plenitude ***Jo 1:16***, conforme lemos no início desse capítulo. Observe que o tempo verbal se encontra no passado. Nós já fomos cheias dele, preenchidas com a sua essência, presença, ação, com seu poder, seu movimento, sua paz, sua saúde e com suas riquezas.

Ele é pleno em si mesmo! E sendo Ele o cabeça da qual nós somos o corpo e residindo nele toda a plenitude ***Colossenses 1:18-19***, significa dizer que todo o poder que Ele tem, no momento em que eu escolho viver como a extensão do seu corpo aqui na terra, eu também tenho! Que tudo que Ele é, através do seu Espírito que habita em mim, eu também sou!

Amiga, o que quero dizer é que se Cristo de fato habita em você, mesmo que você não se considere pronta, mesmo que você esteja seguindo a sua jornada, você já carrega essa plenitude e por isso não cabe mais em você uma vida de insucessos, de miséria, de fracasso, de tristeza e de estagnação.

Em Gênesis 1:1-2, o Espírito Santo de Deus se movia sobre a face das águas e nesse momento, nesse movimento ele criava o mundo! Ei, se você permitir que o Espírito Santo se mova em você e através de você, e lhe encher dessa plenitude, esse mesmo poder criativo vai preencher você e lhe mostrar soluções sobre como agir. Ele é a fonte do poder, da sabedoria e da riqueza concedida aos grandes homens e mulheres da bíblia.

O que estou dizendo é que como consequência de você ter uma vida cheia dessa plenitude está a cura em seu corpo, o seu empoderamento como mulher, o acesso à pessoas e coisas extraordinárias, o *networking* eficaz e alinhado com o seu propósito, a capacidade, a felicidade e a força que você precisa diariamente! Como afirma o apóstolo Paulo em sua carta à igreja de Colossos: A eles quis Deus dar a conhecer entre os gentios a gloriosa riqueza deste ministério, que é Cristo em vocês, a esperança da glória (Cl 1 :18). Leia todo o capítulo 1 de Colossenses, ele é revelador sobre o assunto.

**O que me impedia não me impede mais.**

Após aquela palestra no início de 2018 eu decidi seguir um conselho que Deus havia dado a Abraão e cumprir o meu próprio *Lech Lecha* לֶךְ־לְךָ (Gn12), que significa vá por si mesmo, vá para dentro de si mesmo. Mesmo para aqueles que não são chamados a deixar sua casa ou sua terra, Deus os envia para essa jornada interior de fé: vá por você mesmo – para a essência da sua alma, para o seu propósito final, para essa terra interior que eu vou mostrar para você. E assim eu fiz!

Ali eu iniciei a minha própria jornada a fim de descobrir a mim mesma, como diria Sócrates. Eu imergi no conhecimento e na vivência sobre Inteligência Emocional, passei por processos de *Coaching* Integral Sistêmico, pedi desligamento da empresa multinacional na qual eu trabalhava e decidi seguir o meu propósito de impactar e transformar vidas. Cursei mais de 720 horas de treinamentos e formações presenciais no universo do desenvolvimento humano. Identifiquei o que me limitava e me impedia de viver plenitude, meus vícios emocionais, minhas falhas de caráter e padrões de comportamento que eu trazia dos meus pais. Pedi perdão e perdoei. Sarei por dentro!

As suas emoções podem se tornar um grande obstáculo para que você desfrute dessa plenitude. Eu acredito que mesmo diante de todo o Seu poder, no âmbito das suas emoções Deus anseia que você consiga extrair o melhor de si para que você possa viver o melhor Dele. Você tem o livre arbítrio de escolher o que pensar e de criar a sua própria realidade: *"Assim como você pensa na sua alma, assim você é."* **Provérbios 23:7**.A verdade é que a promessa de vida abundante já foi conquistada por Cristo e liberada para você. **João 10:10**. Certamente Ele está interessado em que você consiga viver plenamente o que Ele mesmo sonhou pra sua vida quando lhe formou. Esteja apenas preparada, munida das ferramentas certas e cheia do poder e da graça de Deus, depois disso, esqueça até o sucesso de ontem porque isso pode lhe deixar em uma zona de conforto, em uma acomodação, em uma formatação que pode limitar as suas ações e a sua colheita.

Quero agora lhe convidar a fazer uma oração antes de você seguir adiante com a leitura desse livro e cumprir as ferramentas que estão propostas nele. Repita comigo:

*Espírito Santo de Deus eu lhe convido a fazer parte do meu dia a dia, das minhas decisões e das minhas escolhas. Peço-Lhe que a minha visão seja ampliada, que a minha fé seja restaurada e que os meus pensamentos sejam plenos dos Seus pensamentos sobre mim. Eu reconheço que mereço e aceito viver plenitude de vida!*

“

A consequência de você ter uma vida cheia dessa plenitude é a cura em seu corpo, o seu empoderamento como mulher, o acesso a pessoas e coisas extraordinárias, o *networking* eficaz e alinhado com o seu propósito, a capacidade, a felicidade e a força que você precisa diariamente.

Raquel Medeiros

Filha, irmã e mãe. Compartilha um dos maiores cargos, o de filha amada de Deus. Líder nata, atuou como gerente de vendas do segmento óptico em grandes franquias durante 8 anos, gerenciando e treinando grandes equipes, atualmente empresária do segmento após constituir sua própria marca.

Apaixonada por desenvolvimento humano graduou-se em analista de perfil comportamental (FEBRACIS), possui certificação internacional em *coaching* integral sistêmico (FEBRACIS/Flórida *Christian University* - FCU), *master coach*, palestrante e desenvolvedora do programa Potencialize. Tem por missão, através de seu programa e processos individuais de *coaching,* trazer clareza e potencializar pessoas e instituições.

*daniellado minguescoach*

*daniellado minguescoach@gmail.com*

*+55 (19) 99532-5277*

# A força de
# de ser vulnerável

# 04

*Por Daniella Domingues*

Aos 12 anos, compreendendo mais sobre os acontecimentos em meu ambiente familiar, me recordo de ver minha mãe chorando e nitidamente demonstrando emoções abaladas, e ouvi-la dizer com a voz embargada e cheia de rancor: "Você jamais deve acreditar nos homens, jamais deve acreditar nas pessoas, seja durona, forte e nunca dependa de absolutamente ninguém para viver ou realizar nada em sua vida!". Confesso que naquele momento esse desabafo soou mais como uma bronca do que um conselho. O que eu naquele momento não pude imaginar, o quanto ela disse impactaria no rumo de todas as minhas relações, perdas e conquistas durante toda a minha vida.

Começaremos aqui nossa descoberta da grande fortaleza que existe em ser vulnerável. Deixe-me perguntar algo: quando você pensa em vulnerabilidade, o que exatamente vem a sua mente? Muito provavelmente situações associadas à fraqueza, fragilidade e a constrangimento, não é mesmo? Sim, literalmente é esse o sinônimo. Porém, vou dizer-lhe algo: a vulnerabilidade vai muito além do sentido literal da palavra e como grandes observadores, convido você a olhar através deste capítulo para a vulnerabilidade por um outro ângulo.

Em determinado momento de minha vida, me percebi curiosa sobre um questionamento latente em minha mente: "Por que minhas relações eram tão superficiais?". Essa pergunta ficou durante muito tempo vagando por meus pensamentos, principalmente, porque eu não me referia a apenas um tipo de relacionamento e sim a todos os que tive em minha vida. Desde amizades na fase adolescente até os dias atuais, bem como relacionamentos amorosos e profissionais. Eram também relacionados ao distanciamento natural que eu criava com pessoas que se aproximavam, o que constantemente me fazia parecer uma pessoa soberba e arrogante, dando assim abertura para outro questionamento: eu realmente era?

A verdade é que eu tinha diversas dessas relações, mas não me conectava verdadeiramente a nenhuma delas. Acreditei ter amado profundamente por algumas vezes, até descobrir que não conhecia verdadeiramente o amor. Porém, esse questionamento vagou até ser esquecido sem resposta, ou porque eu mesma fazia questão de deixá-lo desta forma. Afinal, se tratava de um pressuposto para a necessidade de transformação em mim. A única certeza que eu tinha, era a de jamais poder demonstrar fraqueza a nenhuma pessoa, pois tinha a certeza em mim de que as pessoas de modo geral, se aproveitavam de outras sob essas circunstâncias. Não podia mostrar a necessidade de ajuda ou assumir uma falha. Sendo assim, o orgulho e a falta de humildade pareciam ser adjetivos familiares à minha personalidade.

Então, mesmo sem entender, durante anos, me posicionei como a mulher dura e forte que minha mãe havia desenhado em minha mente em seu momento de desabafo e rancor há anos. Durante tantos anos, repetidas vezes, me posicionei como tal e essa mulher se tornou real. Colecionava ganhos e perdas constantes em minha vida, mas sem jamais me permitir em nenhum desses momentos demonstrar qualquer tipo de sentimento ou emoção fidedigno ao que se apresentava diante a mim.

Não vibrava ou comemorava com nenhuma verdade as minhas conquistas, pois eram frutos da mulher forte e batalhadora que não dependia de ninguém, apenas via como um bom resultado de meus esforços e tinha orgulho disso. Escondia toda e qualquer ferida que sofresse no caminho. Afinal, eu, uma mulher forte e guerreira, não poderia sequer ser vista num esboço de emoção. Tinha que ser forte o tempo todo, por mim, por meus filhos e minha família. Chorava minhas perdas escondida e em seguida, enxugava as lágrimas, passava uma bela maquiagem no rosto, respirava fundo e abria um imenso sorriso como se nada houvesse acontecido.

Está bem, você pode se perguntar: "Mas não é bom que estejamos sempre com postura e sorriso de vitoriosos"? E eu digo que sim, com toda certeza, a linguagem corporal fala muito sobre quem nós somos e quem gostaríamos de ser. Porém, a maneira com a qual eu a usava, se tornou apenas uma máscara para esconder todo o peso que minha feição realmente guardava.

Em mais de uma década de estudos, a pesquisadora e escritora de *best-sellers* Brené Brown, dedicou-se a estudar a vulnerabilidade e a vergonha e como resultado de seus estudos, relata que fomos criados para viver em conexão, e que por incontáveis vezes, nós não vivemos desta forma. E qual o precursor dessa falta de conexão? O medo da vulnerabilidade!

Quando iniciei meus estudos na área de desenvolvimento humano, eu havia perdido meu casamento, o meu relacionamento com meus filhos ia de mal a pior, as empresas iam muito mal e eu me sentia vivendo uma farsa, infeliz e deprimida, carregando o peso do mundo todo nas costas.

Quais das tuas relações têm sido afetadas por você não se permitir ser vulnerável?

A vulnerabilidade foi um tema que mexeu muito comigo, pois eu mesma, vivia sob o pesado fardo de carregar um escudo e um elmo que jamais poderiam ser deixados de lado. Senti como se um prédio inteiro caísse sobre minha cabeça quando me aprofundei nesse assunto. Questionei a mim mesma copiosamente: o quanto mais eu estava disposta a perder por carregar esse fardo? Quantas verdadeiras e duradouras relações de amizade, quantos ótimos colaboradores na empresa, quanto mais distanciamento de meus filhos, quantos relacionamentos amorosos ainda teria até que realmente deixasse alguém me ver por quem eu realmente era?

## É PRECISO TER CORAGEM PARA SER VULNERÁVEL!

O primeiro sentimento que te afasta da vulnerabilidade, é o medo. O medo de ser uma pessoa vulnerável me distanciou da minha real identidade. Entrei em conflito, jamais pude entender que era exatamente a minha imperfeição que me conectava com as pessoas. É preciso muita coragem para ser vulnerável, e descobri que passei grande parte de minha vida sendo uma covarde! E o motivo dessa covardia era o medo, medo de ser imperfeita, medo do julgamento e dos abusos que poderia sofrer caso mostrasse qualquer falha. Pois na minha mente, a postura que eu mantinha, me tornava uma pessoa perfeita, quando na verdade eu estava me tornando cada vez mais inacessível. As pessoas se afastavam de mim e eu, em minha autossuficiência, subjugava que o motivo era por não serem boas o suficiente para estarem próximas a mim. Ora, que bobagem! Quem não precisa de alguém?

Não viver minha real identidade estava me tornando fria, dura, ingrata, negativa, vivendo apenas aprisionada à sentença dada a mim no passado. Foi quando em um de seus vídeos, Brené Brown cita parte de um discurso de Theodore Rossevelt que diz: "Não é o crítico que importa, nem aquele que mostra como o homem forte tropeça, ou onde o realizador das proezas poderia ter feito melhor. Importante, em verdade, é o homem que está na arena, com a face coberta de poeira, suor e sangue; que luta com bravura, erra e, seguidamente, tenta atingir o alvo. É aquele que conhece os grandes entusiasmos, as grandes devoções e se consome numa causa justa.

É aquele que, no sucesso, melhor conhece o triunfo final dos grandes feitos e que, se fracassa, pelo menos falha ousadamente, de modo que o seu lugar jamais será entre as almas tímidas, que não conhecem nem a vitória, nem a derrota". Uau, caramba! Essa era a chave para abrir a minha primeira porta. Foi aqui, que tudo veio como um clarão! Eu poderia sim soltar aquele peso, estava cansada, não queria mais perder. Meu desejo era de, em primeiro lugar, me reconhecer diante de um espelho. Olhar para mim como uma mulher vitoriosa e não uma guerreira. Ah, não! Aquela guerra não era mais para mim! Eu apenas estava vivendo com medo de ser eu mesma e neste ponto eu decidi não mais ser covarde.

Quero convidar você, agora, neste momento, a firmar um compromisso consigo mesma. Renunciar a tudo aquilo que te impede de se tornar a mulher que você quer ser a partir de hoje.

**Declare aqui:**

Eu, ______________________________________________

Decido hoje__________________________________________

______________________________________________________

Esse é um compromisso que assumo comigo para viver uma vida pela minha real identidade.

**Sua assinatura:** ________________________________

"

*O primeiro sentimento que te afasta da vulnerabilidade é o medo.*

Daniella Domingues

# Tânia Campos

Esposa, mãe, irmã, tia, psicóloga graduada pela (FCS), especialista em Gestalt terapia pelo IGTBA, terapeuta *reikiana* pelo USUI RYOHO, *master* treinadora comportamental atuante, experiência como psicoterapeuta há 10 anos e empresária no setor de vestuário. Interesse confesso pelos fundamentos da Física Quântica e os estudos voltados para o desenvolvimento humano.

Tem como missão ajudar as pessoas a mudarem sua visão a respeito de si mesmas para alcançarem grandes voos nas jornadas pessoal e profissional.

# Autoimagem de vencedora

05

Por Tânia Campos

Por muitas vezes, você pode sentir que não é merecedora de felicidade ao olhar para as áreas de sua vida e ver um caos total. É a vida financeira que não melhora, sente que seus relacionamentos são conturbados, você fica olhando outras pessoas e desejando ser do jeito que elas são, afinal todo mundo parece lidar muito melhor com as coisas do que você, talvez até sinta que precisa da aprovação dos outros, não consegue tomar decisões por não se sentir segura, não se considera inteligente e acha que ter sucesso é virtude para poucos, talvez até se sinta indigna de mérito. Todos esses sentimentos provêm de uma auto imagem NEGATIVA. Isso já aconteceu comigo, assim como muitas pessoas, eu também tinha uma imagem de mim muito limitada e não conseguia enxergar o meu potencial.

Engavetei muitos sonhos e desejos pessoais por não me sentir capaz de realizá-los, apesar do desejo de querer ser bem-sucedida. Passei a sentir na pele a dor de viver na mediocridade até começar a me questionar: O que preciso mudar para me tornar uma vencedora? Foi quando me deparei com este ensinamento que Jesus nos deixou: *"Conhecereis a verdade e a verdade vos libertará."* **João 8:32**. A partir de então, mergulhei rigorosamente no meu autoconhecimento em busca da verdade que estava por trás dos meus resultados. Analisando as minhas crenças, observei que apesar de dizer que queria ser bem-sucedida, a imagem mental que tinha de mim mesma, era "pobre" e isso estava impedindo a minha decolagem. Como sou uma teimosa em querer ser feliz e ajudar outras pessoas, fui ainda mais fundo nas pesquisas sobre desenvolvimento humano. Nesta imersão descobri que dentro de cada um de nós, existe um "eu superior" que é uma imagem de perfeição e ela está sempre tentando se expressar de uma forma grandiosa. Quando queremos atingir nosso pleno potencial para criar uma vida abundante e de sucesso, a chave é a conexão com esse "eu superior", que representa a nossa autoimagem de vencedor, a nossa essência verdadeira. Se o seu propósito for se reconectar com essa essência e se tornar uma vencedora, você está no caminho certo. Acredito que os conteúdos aqui escritos, assim como tem ajudado muitas pessoas a mudar o seu campo de visão sobre si mesmo, ajudará você também. Para começarmos essa jornada de transformação, é importante saber a diferença entre autoestima e autoimagem, apesar de ambas determinarem a possibilidade de uma vida produtiva ou improdutiva.

## AUTOESTIMA X AUTOIMAGEM

A autoestima pode ser definida como o apreço ou valorização que uma pessoa confere a si própria. Tem a ver com a qualidade, o valor que damos a nós mesmas diante daquilo que acreditamos ser e com o ao grau de confiança que sentimos para resolver questões da nossa vida. Já a autoimagem, segundo o dicionário brasileiro da Língua Portuguesa, é a concepção pessoal que um indivíduo tem de si mesmo, da qual deriva a consciência de sua identidade, de seu papel social e de valor. Está relacionada à forma como a pessoa acredita que é não só fisicamente, mas emocional, social, cognitivamente e nos diversos papéis que exerce na vida. Mas como é construída a autoimagem?

## A CONSTRUÇÃO DA AUTOIMAGEM

É na infância que se constrói as bases da nossa personalidade. O nosso núcleo familiar, a cultura e a sociedade vão exercer um papel importante nesta construção desde a infância até a vida adulta, a partir dos conceitos e valores que vamos internalizando. A partir daí um conjunto de experiências que vamos vivendo como: alegria ou tristeza, afeto ou desafeto, acolhimento ou rejeição, valor, abuso, validação, abandono etc. , vão construindo a nossa autoimagem. Por este motivo, a psicologia considera impossível compreender o comportamento adulto sem olhar para as experiências passadas, pois tudo o que ouvimos sobre nós mesmos, todas as impressões que emitimos e que recebemos são armazenadas em um arquivo que chamamos de cérebro. Com base nessas informações contidas neste software, vamos nos comportando e agindo na vida. Vamos supor que na sua infância disseram que você não era muito boa, ou foi comparada com alguém, por exemplo: "Você é como seus pais", "Você nunca vai se dar bem na vida","Você não pode vencer","Isso não é pro seu bico". Mas se disseram que você é inteligente e capaz, é provável que estas sejam algumas das informações assimiladas na construção da sua autoimagem e de forma inconsciente, governa a sua vida hoje. O que quero dizer é: *"As referências ambientais que vamos internalizando ao longo da vida influenciam consideravelmente na construção da autoimagem"*.

A essa altura você deve estar se perguntando: "Que imagem eu tenho? Isso é fácil de saber. Dê uma olhada nos seus resultados, eles te agradam? Se sua resposta for não, é provável que esteja operando com base em uma imagem mental negativa de si mesma e ela está orientando as suas ações e, consequentemente, os seus resultados, assim como acontecia comigo. Mas, calma! A notícia boa é que podemos reprogramar essa imagem mental através de uma competência especial presente no nosso cérebro que chamamos de neuroplasticidade.

Esta competência permite que você altere a imagem de fracasso para uma imagem de vencedora. E isso não tem a ver apenas com alterar a sua aparência física. Como diz o Dr. Maxwell Maltz, cirurgião plástico e autor do livro *Psicocibernética*: "Não adianta mudar por fora, se não mudarmos por dentro. " No geral, as pessoas estão tentando mudar o externo de si mesmo, sem mudar o que acontece nos seus interiores. Jesus disse algo muito interessante sobre isso em Mateus 9:16: "Ninguém põe remendo de pano novo em vestes velhas; porque o remendo repuxa a roupa e o rasgão fica pior".

Esse é um dos grandes erros que quase todos cometem que nem eu, nem você queremos, não é verdade?! Então, mãos à obra e vamos reprogramar esta imagem indesejada e tomar posse da sua imagem de vencedora. Como fazemos isso? Treinando e usando seu subconsciente como se ele fosse um músculo. De acordo com os estudos da PNL – Programação Neurolinguística, a nossa mente não reconhece a diferença entre realidade e imaginação e trata de realizar tudo aquilo que pensamos. Isso significa que podemos alterar a forma como pensamos sobre nós mesmos e nos tornar a pessoa que desejamos ser. Foi assim que mudei a minha programação, criando mentalmente a imagem da mulher vencedora que decidi me tornar.

Quando você treina seu subconsciente e reconfigura a maneira como se enxerga, passa então a se expressar espontaneamente e ter uma vida equilibrada em todas as áreas. Por que isso acontece? Porque quando mudamos a autoimagem, expandimos a área do possível. A formação de uma autoimagem vencedora permite que você desenvolva novas habilidades, novos talentos e literalmente transformará o fracasso em sucesso.

Vamos lá entrar em ação! Tudo o que você tem que fazer é colocar em prática o exercício a seguir.

### Exercício

1. Sente-se e deixe seu corpo relaxar totalmente;
2. Use a sua imaginação para criar a imagem de sucesso que deseja se tornar e identifique como se fosse você agora. Se veja agindo

com sucesso nas áreas social, na posição que você ocupa no seu trabalho ou em qualquer outra área;

3. Tire uma foto mentalmente dessa pessoa que você quer se tornar;
4. Agora, pegue papel e caneta e escreva no presente a seguinte frase: "Eu sou tão feliz agora que posso ver... (complete a frase escrevendo o que você viu com detalhes sobre esta nova mulher que você deseja ser);
5. Leia a sua descrição todos os dias, várias vezes ao dia, leve isso com você aonde for e continue lendo até que se fortaleça esta nova informação dentro de você.
6. Agora, escolha um slogan (uma frase) que você possa usar como âncora para quando sentir dúvida sobre sua nova versão e te manter focada no seu objetivo. Eu, por exemplo, uso:"O que a mente do homem pode conceber e acreditar, a mente do homem pode alcançar". Napoleon Hill
7. Escolha alguém de sua confiança e declare para ela a pessoa que você quer se tornar. Peça-a que cobre isso de você todos os dias. Conforme você for praticando e agregando comportamento e ações congruentes com essa nova imagem, você experimentará a mudança da sua personalidade e tudo à sua volta.

Tenha sempre em mente que eu, você e todas as pessoas do mundo fomos criadas para ter e aproveitar todas as coisas boas que a vida tem a oferecer. Somos a melhor obra do criador e estamos destinadas a vencer. Portanto, lembre-se sempre: A autoimagem de vencedora é a chave para realizar tudo o que você deseja!

*A autoimagem de vencedora é a chave para realizar tudo o que você deseja!*

Tânia Campos

# Daniele Oliveira

Filha de um Deus poderoso, sou uma mulher extraordinária, soteropolitana, tenho 41 anos de idade, casada há 19 anos com Toni Oliveira, teólogo, neuropsicólogo e mentor. Somos pais da linda Anna Júlya de 4 anos. Mentora espiritual e sigo dando orientação de vida e destino.

Graduada em Administração de Empresas pela faculdade Vasco da Gama, pós-graduada com MBI em Gestão de pessoas e comportamento organizacional, pela Centro Universitário Jorge Amado. Sou palestrante, mentora, mediadora, treinadora de equipes, analista de perfil comportamental, *Coach Life*, *Business* e psicanalista.

Atuo há mais de duas décadas na gestão comercial, coordenando equipes nos estados da Bahia, Sergipe e Ceará, desenvolvendo pessoas através de uma liderança assertiva e possibilitando por meio dos meetings periódicos, a promoção de saúde mental, emocional e bem estar social para além do ambiente corporativo.

Assim, sigo impactando vidas, carreiras e contribuindo para grandes resultados.

*soudanioliveira_*

*Danieleoliveiraacoach*

*institutoluz_*

*falecomadani@institutoluzba.com.br*

*www.institutoluzba.com.br*

*+55 (71) 98423-7602*

# Inteligência espiritual

# 06

Por Daniele Oliveira

Olá, amiga, que está lendo este livro e se permitindo caminhar pela jornada do conhecimento que transforma, cura e liberta. A você, o meu muito obrigada! Eu te convido a conectar-se comigo para entendermos a Inteligência Espiritual. Essa inteligência que está acima de todas as outras e que é a base de tudo. Para isso, vamos precisar voltar a nossa origem, onde tudo começou, a nossa existência pensada e idealizada pelo Criador.

Vamos percorrer o caminho que te levará ao nível de plenitude e isso somente é possível, primeiramente, por meio da nossa conexão com Deus. Dessa forma vamos imergir juntas nesse processo de evolução com destino a realização dos seus sonhos. Pense por um instante: Em algum momento você já sentiu um vazio em sua vida? Dificuldades em algumas áreas? E por vergonha ou sentimento de incapacidade, você preferiu não falar do assunto? Deixe-me dizer a você que, quando expomos nossas dores, a nossa cura acontece. Joyce Meyer, autora do livro "Eu e Minha Boca Grande!" diz: "Você tem problemas? A resposta está debaixo do seu nariz". Pelo menos, em grande parte. Não creio que alguém possa viver em vitória sem estar bem informado do poder das palavras. Achei perfeita essa conclusão, porque é daí que começamos a entender a respeito da Inteligência Espiritual e desenvolvê-la a nosso favor.

Vou contar-lhes um pouco da minha história para que você entenda e se posicione diante de algumas montanhas que estão à sua frente. A Bíblia nos diz em Mt 17:20 "Porque a fé que vocês têm é pequena. Eu lhes asseguro que se vocês tiverem fé como um grão de mostarda, poderão dizer a este monte: vá daqui para lá e ele irá. Nada lhes será impossível".Vamos aprender que tudo tem início por palavras, declarações e afirmações. Então era o ano de 2017, e após treze anos de casada, estávamos há quase três tentando engravidar, quando eu e meu marido Toni Oliveira, decidimos que seria a hora de sermos pais, e começamos a caminhada por esse sonho. Visitas constantes ao médico para realização de exames, conferência no calendário para entender o período fértil e tudo que é possível para que uma gravidez aconteça. Pois bem, nada disso foi o suficiente para que alcançássemos nosso objetivo e, cansada de desejar a chegada dessa gravidez, por vezes me frustrei, chorei e pensei em desistir. Fiz vários testes de farmácia e os resultados sempre negativos, pareceria algo quase impossível. Eu disse QUASE. Lembro bem daquela noite do dia 31/12/2017. Eu estava arrumando a mesa para a ceia da passagem de ano e conversando, disse para minha mãe:"se Deus não me fizer mãe esse ano de 2018, entenderei que a maternidade não é para mim, se não acontecer esse ano, eu não pedirei mais". Eu já havia conversado com Deus, que eu não faria adoção e nem fertilização para me tornar mãe, se Ele quisesse me fazer mãe, Ele faria o milagre.

Mesmo sendo líder espiritual há muitos anos, tendo experiência em aconselhamentos de casais e famílias, eu precisava me posicionar de forma diferente. Mas mesmo essa maneira ainda não estando tão clara para mim, continuei desejando minha gravidez, independente das impossibilidades que me cercavam. Eu estava emocionalmente cansada e fisicamente esgotada, porque o meu trabalho na área comercial me exigia bastante, solicitei férias e felizmente consegui.

Começamos a planejar nossa viagem para Europa. Nosso *tour* iniciou em Portugal e terminou na Itália. Uau, que fantástico! Enfim, viveríamos por alguns dias momentos felizes, longe do estresse diário, estávamos em outro lugar, conhecendo novas pessoas, culturas e histórias diferentes. Era o mês de março, mês do meu aniversário e tudo que eu estava vivendo já era extraordinário e especial, tudo estava perfeito, mas no fundo do meu coração, faltava algo.

Como o clima europeu é frio, agradável e romântico, eu e meu marido estávamos bastante conectados um com outro. Lembro-me bem um dos nossos passeios, para a cidade de Fátima em Portugal, naquele dia em que a manhã estava bastante fria. Eu comecei a perceber a calmaria daquele lugar, o meu coração estava conectado com Deus e eu constantemente expressava minha gratidão a Ele por me permitir viver dias tão extraordinários. Então, totalmente envolvida com aquela atmosfera, céu azul, uma brisa fria e suave que pairava no ambiente, eu fiz uma oração como jamais havia feito. Eu disse: Deus, as pessoas vêm aqui movidas por Fé e eu respeito cada uma delas, mas a minha Fé está em Ti, sei que és poderoso! Se eu puder te pedir algo, se eu puder pedir um presente de aniversário, Deus, eu te peço um filho! Deus, faz um milagre.

Após esse momento íntimo com Deus, senti paz no coração, pois havia confiado que somente Ele poderia realizar o impossível. Continuamos o nosso passeio e foi tudo incrivelmente perfeito! Exatamente nesse momento minha inteligência espiritual foi ativada e a usei, criando atmosfera para isso, conectando com o criador, e liberando meus sentimentos através das palavras. A Bíblia nos diz no livro de Prov. 18:21 "A língua tem poder sobre a vida e sobre a morte; os que gostam de usá-la comerão do seu fruto".

Retornamos ao Brasil e durante o voo dormi bastante, mas até então, tudo era aceitável, afinal de contas a viagem foi longa. Ao chegarmos em casa, fomos recepcionados por meus pais, e com toda alegria e euforia do retorno de uma bela viagem, abrimos os presentes, contamos histórias e aos poucos, a rotina foi voltando ao normal. Porém, comecei a perceber que meu corpo estava diferente, mas tudo bem, meu ciclo estava se aproximando e sempre acontecia na data certa. Como esse dia não chegou, logo me enchi de esperança; será que estou grávida? Era um domingo de manhã e nos preparávamos para ir à igreja e sem que meu marido soubesse, comprei e realizei o teste da farmácia.

Finalmente e felizmente, o resultado foi positivo. Eu estava grávida! Meu marido foi surpreendido por essa maravilhosa e tão sonhada notícia. Isso foi resultado do meu desejo, ativado através da inteligência espiritual (Fé), que é fonte ilimitada de poder. Lembrem-se sempre, você não é o que dizem de você, você é o que você decide ser! E hoje vivemos em plenitude, pois nossa Anna Júlya é nosso milagre realizado, é a nossa coroa. Inteligência Espiritual é a inteligência do século, que gera governo, autoridade e conhecimento e te habilita a prosperar, abundar, superabundar e conduz a condição de domínio. Esse poder está em nós, basta acessar. Existem ferramentas que nos levam ao nível maior; precisamos identificá-las. A principal delas é a Bíblia o livro da sabedoria milenar, devemos usá-la no momento certo, na intensidade certa, pelo período certo! Essas palavras vão criar o ambiente, a atmosfera necessária para formação do seu milagre, tudo está ao seu alcance. Então, vamos avance! Tudo acontece quando você se move, mova-se em direção ao seu destino.

Use todo poder que está em você!

Amiga, agora que você já aprendeu a respeito da Inteligência Espiritual, já entendeu que o start começa em você, eu te convido a agir, sair dolugar que limita sua visão e tomar posse de tudo que está a sua disposição. Portanto, eu te proponho o exercício a seguir: Todas as manhãs, após o seu despertar, você vai declarar palavras de gratidão ao teu Criador. Vai dizer palavras de afirmação sobre si mesma, em seguida abençoará seu cônjuge, seus filhos e profetizará sobre seus sonhos, chamando-os a existência. Você atrai aquilo que você comunica.

1. Eu te convido a escrever em um caderno, uma lista dos seus sonhos, desde os mais secretos e íntimos, aos mais simples. A escrita é importante para que o seu cérebro registre e entenda esse sentimento.

2. Escreva quais ações você precisa fazer para alcançá-los? Quais mudanças precisam ser implementadas?

3. Escreva sua gratidão por tudo, mesmo pelos sonhos que ainda não se materializaram. Robert A. Emmons autor do livro *Agradeça e Seja Feliz* diz:"Pessoas que têm o hábito da gratidão podem aumentar em até 25% seu "ponto fixo de felicidade", uma espécie de nível médio característico de cada indivíduo".

A rotina proposta, ajudará você a se tornar uma mulher de alta performance. O meu desejo é que você seja alcançada pelo conhecimento que gera transformação e renovação da mente, e que sempre haja luz em sua vida, e tenha sempre sua mente conectada com Deus.

"

*Saia do lugar que limita a sua visão.*

Daniele Oliveira

# Layla Pizetta

Psicanalista clínica formada pela ABPC (Associação Brasileira de Psicanálise Clínica), hipnoterapeuta, *master coach* formada pela maior instituição de *coaching* do mundo – FEBRACIS. Psicopedagoga e musicoterapeuta, analista de perfil comportamental (Cis Assessment), especialista em Psicanálise Infantil e Teorias Psicanalíticas e Práticas Educacionais. Como musicoterapeuta participo da diretoria da Associação dos musicoterapeutas do Espírito Santo. Especialização em Neurociências e Performance Humana pela faculdade Febracis. Atua em atendimentos de análise pessoal e processos de *coaching* individual ou em grupo, possuindo formação e especialização em Técnicas Avançadas de PNL para atendimentos.


*laylapizetta*

*laylapfaustino@gmail. com*

*+55 (27) 99901-0352*

# Fortalecendo suas emoções

# 07

Por Layla Pizetta

Talvez nunca tenha passado pela sua mente, o quanto é importante administrar seu estado emocional nos tempos de crise ou diante de situações estressantes. A maior parte das pessoas pensam que não podem evitar o modo de reagir e agir, no momento que estão vivendo uma dificuldade e acreditam até mesmo que suas reações são justificadas diante da angústia e estresse do dia a dia. Reagir com medo, preocupação, raiva ou frustração diante das situações é humano, porém é possível alcançar um nível de autoconhecimento capaz de tornar você, mulher, uma pessoa mentalmente poderosa diante dos seus enfrentamentos. Quero que você visualize que é possível tomar decisões sábias e sensatas durante tempos desafiadores e não criar um caos interior em suas relações se tiver um emocional fortalecido e curado.

Durante muitos anos da minha vida, eu andei por aí como uma sobrevivente, entendendo que poderia alcançar lugares emocionais mais altos, hoje eu dedico a minha vida a conduzir outras pessoas a este lugar de poder e de vitória. Este é o meu objetivo e contribuição com este livro. No meu casamento, muita coisa que meu marido falava para mim ou sobre mim era gatilho para eu movimentar de forma intensa as minhas emoções! Era aquele dia que tudo ficava afetado mesmo que não fosse a intenção dele! Era sobre mim, sobre não estar curada nas minhas emoções.

Isto vem acontecendo com você? Trazer consciência é fundamental para que você venha se tornar uma pessoa poderosa, uma pessoa que não se afeta emocionalmente de forma negativa com as pessoas e circunstâncias. Pessoas reativas às circunstâncias e ao outro, são pessoas com a mentalidade impotente. Elas aprendem desde pequenas a pensar que alguém é responsável pelas suas decisões, são treinadas também a se sentirem sem saída e pensar que a vida é assim mesmo. As expressões mais frequentes dessas pessoas são: eu não posso, isto não é para mim, não vai dar certo, vou tentar. Esses são exemplos de expressões que revelam o quanto a pessoa se sente impotente diante das situações que lidam. Pensar desta forma funciona como um bloqueador na busca de novas saídas e soluções. Quando a pessoa se enxerga assim, passa a ver a vida com a lente da impotência e consequentemente a vida passa ser uma luta, uma batalha a vencer a cada dia. Essas pessoas criam um ambiente movido pelo medo, lugar este que é mantido pela manipulação e controle para conseguir sentir que tudo vai bem. A pessoa dependente emocional coloca-se no lugar de vítima procurando uma pessoa que possa fazê-la se sentir segura. Geralmente esta pessoa se subjugará a outros, dependerá deste outro para ser feliz e estar bem. Tem muitas vezes dificuldade de expressar seus sentimentos por medo de magoar as outras pessoas e acaba suportando o que não quer ou não gosta ao invés de resolver as situações que aparecem, de forma madura.

A competição pode se manifestar na vida adulta de forma disfuncional, também pode ser evidência de que algo na infância gerou uma luta pela atenção e amor dos cuidadores. A pessoa apresenta exclusão dos outros, quer ser melhor, o seu fazer está em evidência para cada vez mais ser melhor e fazer com que os outros vejam as suas realizações. Quando esta pessoa é ferida, tem a tendência de se sentir derrotada, fracassada.

Outro fator que evidencia a falta de fortalecimento emocional é a pessoa que se torna controladora para ter como consequência, seus desejos e vontades atendidos. O maior medo dessas pessoas é de perder o controle das circunstâncias e dos outros. As suas opiniões e falas, quando não são consideradas, viram motivo de muitos ressentimentos e sentimento de rejeição.

Uma pessoa que é forte emocionalmente apresenta interdependência: ela não depende das outras pessoas para se sentir bem e ao mesmo tempo, quando precisa de ajuda, ela sabe solicitar o favor de outras pessoas e está disponível para ajudar também dentro do equilíbrio. Precisa do outro, assim como ele precisa dela! Ao longo dos anos de atendimento como Psicanalista Clínica e *Master Coach*, vejo a importância de trabalhar essa maturidade emocional, pois este é o ponto que muitas vezes resulta nas dificuldades de relacionamento e no bem-estar das mulheres que venho acompanhando.

Neste momento da leitura, você deve estar se perguntando o que fazer para se tornar essa pessoa com domínio de suas emoções, como ser essa pessoa poderosa, tão poderosa que não está interessada em dominar o outro, mas em dominar a si mesmo. Eu quero propor a você, a partir deste momento, que você se interesse pelos seus pensamentos e sentimentos e quais são as coisas e pessoas que são capazes de tirar o seu equilíbrio emocional. Nós como mulheres em performance, gostamos de descobrir o máximo que podemos sobre as coisas que realmente nos importam. Se é sobre beleza, vamos seguir as pessoas que observamos que seja autoridade no assunto. Se é um assunto do nosso interesse, vamos salvar o post, vamos anotar em algum lugar, enfim, de fato, é quase como uma área de estudo pessoal.

Não há problema nenhum você se interessar, anotar e estudar sobre culinária, beleza e seguir pessoas na internet sobre os assuntos que você gosta, isto é, inclusive, muito saudável. A questão é utilizar este mesmo interesse para saber como se fortalecer emocionalmente e viver uma vida abundante também nesta área.

Gosto muito do versículo do livro de Provérbios que diz: "Feliz é o homem que acha sabedoria e o homem que adquire entendimento. Prov. 3:13. Muitas vezes queremos o resultado imediato de algo, queremos ficar felizes logo, queremos uma vida plena e para isto, precisamos investir tempo e até mesmo dinheiro para que isto seja alcançado. Gostaria que neste momento, você separasse um pequeno tempo para refletir sobre o que você está pensando neste exato momento. Pense também em uma situação que mexeu de forma negativa com você e pense o que foi que você estava pensando naquele momento.

Escreva abaixo:

Agora, neste momento, perceba o que você está sentindo. Escreva os sentimentos que vieram:

Este foi um momento de faxina mental! A maior parte de nós, escolhe, ou reproduz em nível inconsciente, os mesmos pensamentos que nossos pais tinham na nossa infância e que falavam para nós nesta época de nossas vidas. Porém, quando conseguimos admitir esses pensamentos e esta programação que foi instalada em nossa mente, podemos jogar todo lixo fora e viver uma vida plena e feliz.

Experimente sempre anotar seus pensamentos e sentimentos e fazer a faxina mental sempre que precisar.

*"O que pensamos sobre nós, revela a verdade do que acreditamos! Não há tempo a perder! Livre, você pode ser e fazer tudo que você nasceu para ser: Poderosa"!*

"

*Uma pessoa que é forte emocionalmente apresenta interdependência: ela não depende das outras pessoas para se sentir bem e ao mesmo tempo, quando precisa de ajuda, ela sabe solicitar o favor de outras pessoas e está disponível para ajudar também dentro do equilíbrio.*

Layla Pizetta

# Jeane Soares

Jeane Soares, esposa de Paulo Júnior e mamãe de Liz, escolhida por Deus para viver um propósito de superação e desenvolvimento pessoal através do alinhamento Corpo - Espírito - Mente. Intitulada mentora de mulheres por um chamado de Deus em minha vida. Apaixonada pelo estudo do desenvolvimento da mente humana desde a fase intrauterina até adulta, educação parental, inteligência emocional, Constelação Sistêmica e espiritualidade. Professora das séries iniciais, pedagoga graduada pela Universidade Estadual do Sudoeste da Bahia – UESB; com especialização em Psicopedagogia Clínica, Institucional e Educação Especial. Atualmente, graduanda em Neurociências e Comportamento. Palestrante, treinadora e analista de perfil comportamental com formação internacional em *Coaching* Integral Sistêmico, pela FEBRACIS. Especialista em organização - *Personal Organizer*, com ênfase em gestão das emoções.


*jeanesoaris*

*contatojeanesoares@gmail.com*

*+55 (77) 98806-9054*

# Organizada
e plena

# 08

Por Jeane Soares

Se você entender e identificar o quanto a bagunça emocional interfere na realização de suas metas, você entenderá a importância de viver mais leve e por consequência, será cada vez mais organizada e plena. Nossas emoções são afetadas a todo momento por sentimentos negativos e tudo aquilo que vamos acumulando dentro de nós ao longo da vida. Quando decidimos organizar um ambiente, começamos pelo ato de desapegar de coisas que não fazem sentido manter em nossa casa, coisas que não usamos mais. Você já deve ter lido algo do tipo: "tire o velho para receber o novo", essa é a mais pura verdade, precisamos liberar espaço para organizar e para o novo que desejamos chegar em nossa vida. Tudo o que há em excesso na nossa mente, nos ocupa de viver e receber o novo, ocupa nosso tempo, atrapalha a nossa produtividade e nos impede de avançar para o próximo nível.

A forma como organizamos nossas emoções e sentimentos reflete no ambiente que vivemos e principalmente nos resultados que temos. Se deseja dar um basta na bagunça que está a sua vida, primeiro é necessário você entender que organização vai além de espaços físicos e gavetas organizadas, a vida plena e organizada trata-se de organizar as emoções, tirar os entulhos da nossa mente e do coração desapegando-se de tudo aquilo que não faz sentido com a vida que quer viver. Tudo aquilo que guardamos ao longo da vida de forma negativa, torna-se em obstáculos que nos levam ao caminho de compulsão, acumulação, procrastinação, improdutividade e frustrações, na organização chamamos de tralhas emocionais. Aqui vou abordar como sendo as suas crenças limitantes, negativas, ou seja, tudo aquilo que vamos adquirindo e acumulando ao longo da vida, através do que vimos, ouvimos e sentimos e que hoje nos impedem de avançar e de viver a vida plena que é nossa por direito. Por um bom tempo, eu vivi paralisada, sem conquistas, sem reconhecer a minha verdadeira identidade, sem saber como me posicionar, como sair de onde eu estava, uma vida estagnada e praticamente sem sentido. Eu vivia em um verdadeiro caos emocional e por mais que buscasse me organizar, deixar os espaços perfeitos, dentro de mim existia um acúmulo de emoções negativas, sentimentos mal resolvidos e muita reprovação de minha identidade. Me tornei compulsiva, uma viciada em organização e nada resolvia meu problema, além de adquirir a síndrome do impostor. Eu me tornei uma perfeccionista e fui buscar o método de organização perfeito para seguir, não sabendo que na verdade eu precisava era mesmo me desapegar dos lixos emocionais que havia em minha mente me sabotando a todo momento.

Colocar a vida em ordem e viver em plenitude vai além de colocar a casa em ordem, seguir planilhas e fazer planejamentos, tudo isso e muito mais só será possível de ser bem executado se primeiro você colocar ordem em sua casa interna, em suas emoções, e suas emoções só você tem acesso para administrá-las, não dá para terceirizar. Ordene a sua casa, estabeleça uma sequência de importância, mas priorize você e suas emoções. Devemos entender a importância de cada coisa, de cada pessoa e sentimento que há na nossa vida, e isso envolve toda a nossa logística de vida.

Segundo a Marie Kondo, um dos efeitos mágicos que adquirimos quando nos organizamos é a segurança em relação à nossa capacidade de decisão. Quem não consegue tomar decisão em geral não tem confiança em si próprio, isso me fez perceber o quanto parar para se organizar faz todo sentido quando buscamos melhorar nossa performance e desejamos obter autoconhecimento. Para saber verdadeiramente quem eu sou, precisei me desapegar de mim mesma, da imagem que havia construído com base nas vivências erradas que me levou a ser insegura, a ter uma autoimagem negativa e ser muito autocrítica. Até que comecei a entender o sentido de tudo isso, escolhi viver em plenitude e ajustei a rota da minha vida. O fato é que pessoas apegadas a coisas, ou sentimentos negativos terão mais dificuldade de se relacionar e criar vínculos, esse foi o meu maior aprendizado em relação a todas as tentativas frustradas de ser uma mulher bem-sucedida em meus planos.

A dificuldade de se desfazer de coisas e sentimentos é o que nos impede de viver uma vida de plenitude, e está associado a apego ao passado ou excesso de futuro, o que interfere profundamente nas suas metas e no modo como você se relaciona com você, com o outro e com

eu propósito de vida. Se deseja chegar a algum lugar, primeiramente é preciso saber onde está e como anda as suas emoções, é esse despertar que nos faz enxergar o quanto nossa comunicação, pensamentos, falas e relacionamentos devem ser abandonados quando começam a ser vistos como obstáculos.

Ao conseguir identificar tudo o que é tóxico e livrar-se de atitudes, comportamentos, hábitos, conexões e pensamentos negativos, que são os maiores sabotadores de sonhos, você conseguirá dar passos mais firmes e ousados em busca de oportunidades e realizações maiores, consequentemente prosperar. Ser organizada e plena não é sobre coisas, é sobre você, sua vida, suas ações e principalmente suas emoções. Nossas emoções ditam nosso dia, nossas escolhas, o nosso futuro, reflete em nossos relacionamentos, na nossa casa, no nosso trabalho e fala muito de como estamos, mas não define nosso futuro. Ninguém consegue ser algo a mais se não fizer algo a mais, e claro que o passo importante é reconhecer que precisa haver mudanças e estar aberta para viver o novo. Antes de conquistar uma vida organizada, é necessária uma mudança de atitude, de pensamento e, principalmente, começar. O processo de organização é muito pessoal, mas quando você inicia vai encontrando adaptações e métodos que funcionam para você, as mudanças em sua vida realmente começam a aparecer.

Você passa a ter mais tempo para fazer as coisas que gosta, torna-se mais produtiva, realizada, feliz, e vive de forma coerente com a sua identidade. Por isso, não adianta guardar o que não deveria estar na sua vida. Quando guardamos o que na verdade devemos deixar ir embora, estamos apenas adiando decisões ou escondendo de nós mesmas quem somos, e isso vale tanto para sentimentos e sonhos quanto para objetos insignificantes em nossa vida. Enfim, viver organizada e plena é ter as emoções alinhadas, promover mudanças significativas e necessárias, é se planejar para conquistar suas metas, é despir-se para obter o autoconhecimento necessário e usar os seus melhores recursos a seu favor, dedicar tempo e foco ao que realmente importa, abandonar as mazelas do passado e ressignificar pensamentos e sentimentos negativos, é viver o presente respeitando o processo, é autodesenvolvimento, é amor-próprio!

*"Dedique seu tempo e seu entusiasmo às coisas que lhe dão prazer. Colocar a casa em ordem ajudará você a encontrar a missão que realmente toca seu coração. "*

**Marie Kondo**

**E agora, vamos agir?**

Reflita sobre o que tem atrapalhado o seu crescimento pessoal e profissional, tanto quanto seu relacionamento com outras pessoas. Não pense nas dificuldades que vê nos outros. Pense em si mesma! Para começar a se organizar você precisa de autoconhecimento. Comece mapeando o que precisa ser melhorado na sua vida, quais são seus principais desafios e seus pontos fracos e fortes. Quais são as suas metas de vida? Os objetivos e sonhos que você quer realizar? Qual área da sua vida precisa ser melhorada? Se questione sobre isso e anote tudo o que vier na sua mente.

Defina quais áreas são prioridades e precisam de mais atenção no momento, definido isso, desenvolva um plano de ação para cada área. Escreva uma meta a ser atingida, atribua uma data para isso acontecer, e comprometa-se com ela. Estabeleça uma rotina para você seguir todos os dias. Construa hábitos que estejam alinhados com as suas metas e seus sonhos.

Afaste-se dos ladrões do tempo, tudo o que pode desviar o seu foco: celular, TV, pessoas e emoções negativas.

Priorize você em tudo, cuide da sua saúde física, emocional e espiritual – corpo, mente e espírito. Desapegue-se do que lhe causa mal, se for relacionamentos, aprenda a administrar o tempo e a energia que você foca nessas pessoas, se possível, afaste-se.

Aproveite o assunto de hoje e faça uma geral no seu guarda-roupas, tire tudo o que não usa a muito tempo, e principalmente tire roupas velhas, de propagandas, roupas que está guardando para uma ocasião futura. Liberte-se do velho para chegarem coisas novas que combinam com a sua nova fase e com sua nova identidade.

"

*Ser organizada e plena não é sobre coisas, é sobre você, sua vida, suas ações e principalmente suas emoções.*

Jeane Soares

# Bruna Graciotto

Filha amada do Pai, mãe da Sara, filha, irmã. Empresária, criadora da maternidade Shop Bebê Reborn - bonecas que parecem de verdade, referência no Brasil. Fotógrafa, artista plástica especialista em pintura hiper-realista focada em traços humanos, renascendo bebês e crianças através de protótipos de bonecas quase reais. Administradora de empresas, *master coach* integral sistêmico pela Febracis, com formação em análise de perfil comportamental, Business High performance e inteligência emocional.


*eusoubrunagraciotto_*

*shopbeberebornoficial*

*+55 (11) 94609-4127*

# A mulher que vive o seu propósito

# 09

Por Bruna Graciotto

A mulher tem ocupado um espaço cada vez maior na sociedade, e na mídia não tem sido diferente, ela tem se posicionado de maneira firme e empoderada para falar sobre suas convicções, valores e sobre propósito de vida. Você pode estar pensando: "e como eu posso descobrir o meu?" Antes de responder essa pergunta, eu quero te levar a viajar sobre sua vida agora e, no final desse capítulo, você vai conseguir entender como chegar ao seu propósito. Mergulhe profundamente nesta leitura e você vai se surpreender sobre o quanto sua consciência irá se expandir a partir daí.

A rotina de uma mulher já é cheia de tarefas e obrigações, isso se intensifica caso ela também seja mãe e esposa, mas não é isso que a define. Porque o valor dela não está no que ela faz, mas sim em quem ela é. O fato é que a maioria de nós acreditamos que fomos criadas para sermos valorizadas pelo que fazemos e sobre a maneira como fazemos as coisas, e essa busca por perfeição e aceitação tem ferido nossa real identidade. Para entender melhor sobre propósito, precisamos falar sobre a identidade voltando à origem.

Deus, quando criou o homem, Ele nos fez a sua imagem e semelhança (Gênesis 1:26) e tudo ali foi feito com a perfeição de seu poder. Logo depois o Senhor disse: "Domine ele sobre os peixes do mar, sobre as aves do céu, sobre os grandes animais de toda a terra e sobre todos os pequenos animais que se movem rente ao chão". Fomos criados para dominar e assim se fez.

Nós somos filhos amados de Deus e com a sua morte Cristo já pagou o preço para que tenhamos vida com abundância (João 10:10). Isso significa que não precisamos provar nada para ninguém, porque não é o que fazemos que nos fará ser valorizados pelas pessoas ou aceitos por elas, porque já fomos aprovados e aceitos por Cristo, quando o aceitamos de todo nosso coração e entendimento.

Por isso, temos a promessa em Deus de comer o melhor dessa terra e viver como verdadeiros filhos do Senhor, vitoriosos, saudáveis e de alto valor, então, por que se conformar com o comum, com o ordinário, se você pode viver o extraordinário? Seja única, seja estratégica, seja você! As respostas estão bem aí no seu interior, basta acessá-las. Pare de se conformar com qualquer coisa, com qualquer resultado, com qualquer performance, você pode mais, é só questão de DECISÃO! Quando você entende que você só precisa ser a sua melhor versão e que tudo já está aí dentro de você, a chave vira e sua visão se abre! UAU! Que mágico é isso!

Mulheres que sabem seu valor e conhecem sua real identidade, essas sim podem viver seu propósito. E para entender isso, precisamos colocar em ação aquilo que acreditamos ser a nossa essência. Eu vou contar para você, um resumo da minha trajetória que me fez chegar até aqui e o que eu levei 7 anos para descobrir, você vai descobrir apenas lendo este capítulo.

Eu era muito jovem, morava em Maringá no Paraná, faltava apenas um semestre para concluir minha faculdade de Administração, mas minha mudança para São Paulo, dificultou dar continuidade ao meu curso e optei por trancar. Minha filha Sara tinha apenas 4 anos de idade nessa época e eu me achava incapaz de ocupar um cargo de liderança em alguma empresa nessa cidade tão grande onde os currículos que eu pesquisava eram muito melhores do que o meu, mesmo assim, dentro de mim, algo dizia que um simples emprego não era o que Deus tinha pra mim.

Eu me sentia muito pequena, diminuída pelas circunstâncias em que eu vivia e de certa forma, eu me sentia humilhada por não ter condições de oferecer um conforto para a minha filha e de ter a minha tão sonhada liberdade financeira, que me permitiria construir algo só meu, sem haver necessidade de dar satisfação a ninguém. Recordo de um dia em que eu já estava muito cansada da minha situação, e que decidi me ajoelhar com meu rosto no chão e fazer uma oração que eu nunca vou esquecer.

Eu orei assim: Pai, o Senhor me prometeu que eu nunca mais seria envergonhada e eu não vim para essa cidade para ser humilhada, eu sei que as Tuas palavras não voltam vazias. O Senhor diz em Tua palavra que eu seria colocada por cabeça, não por cauda e eu estaria sempre por cima e não por baixo (Deuteronômio 28:13). Então Deus, eu te peço, seja o meu maior professor e mesmo eu não tendo feito grandes cursos e nem concluído a faculdade, o Senhor vai me ensinar a ser grande, me dando sabedoria, visão de águia, discernimento e direção. Eu não sei como, mas sei que o Senhor vai abrir as portas para mim e vai me mostrar um negócio em que eu serei uma grande empreendedora, e não vou depender de ninguém. Eu senti paz em meu coração e um sentimento de alegria confirmou dentro de mim que Deus recebeu minhas palavras e meus pedidos.

Depois que essa oração foi feita, eu comecei a procurar na internet algo que me chamasse atenção e que pudesse ser uma resposta de Deus através de algum produto que eu gostasse. Aconteceu exatamente assim, conforme minha oração. Minha paixão sempre foi crianças e como eu tenho uma filha e eu sempre amei bonecas, fui aprender as técnicas de pintura e produção de bebês reborn (bonecas realistas), eu fui me aperfeiçoando nessa arte tão linda que é renascer uma criança a partir de moldes inspirados em bebês de verdade e passei a empreender no que eu amava e me realizada plenamente, mas não é só isso, hoje eu tenho um negócio agregado a projetos onde eu utilizo as bonecas realistas como ferramentas para tratar o emocional das pessoas, onde adultos e crianças podem viver a experiência da maternidade, se vestir de enfermeiros e sentir como se estivessem escolhendo um(a) "filho(a)", como um membro da família delas. Nestes 7 anos trabalhando com essa arte e acompanhando de perto o feedback dos clientes, descobri que meus bebês realistas também ajudam a curar feridas emocionais, e juntando isso com ferramentas que eu desenvolvi, agregado ao meu conhecimento em *coaching*, temos proporcionado grandes transformações. Nesse processo é possível um alinhamento das emoções permitindo a reprogramação de crenças e eliminando impedimentos que impossibilitavam muitas mulheres de viver a sua real identidade.

**Para que uma mulher descubra seu propósito. . .** primeiramente precisa olhar para dentro de si mesma e buscar aquilo que mais lhe dá prazer em fazer, pode ser um dom, um talento, uma habilidade, ou até mesmo algo que ela já faz pelas pessoas. Algo que faz seu coração pulsar, que desperta amor e por ser algo tão prazeroso, ela faria até sem receber nada em troca. Depois de refletir sobre tudo isso, escreva em um papel todos os seus sonhos e leia todos os dias em voz alta, se imagine vivendo tudo o que você colocou no papel, como se fosse realidade no presente e coloque sentimento e autoridade na sua fala. Depois, faça um mural, em uma cartolina ou um quadro, onde você vai colar as fotos referentes a cada sonho que você escreveu anteriormente, visualize todos os dias se imaginando dentro daquelas fotos, coloque emoção na sua visualização e com muita fé, sinta-se realizando tudo aquilo.

Seja firme e constante, na prática dessa visualização do seu futuro extraordinário. Não desista! Persista em viver os seus sonhos, faça a sua parte e você vai viver cada um deles. Eu espero receber seu depoimento me contando que tudo isso se cumpriu. Creia, é real! Mulher, o seu propósito está dentro de você, apenas é necessário que você viva sua jornada e sua consciência irá se expandir durante o processo. Faça diariamente reflexões de como foi seu dia, anote quais aprendizados você teve ao vencer seus obstáculos, relate seus ganhos. No tempo adequado você estará vivendo sua melhor versão e cumprindo sua missão nessa Terra com as habilidades que Deus te deu, sendo quem Deus te fez pra ser, a sua identidade original.

Não olhe para críticas, nem se limite a conselhos de pessoas que não tem experiência para te ensinar. Permita-se viver perto de quem te empurra para frente, te incentiva a seguir seus sonhos e que tenha chegado onde você deseja chegar, pois essa pessoa vai saber te orientar a trilhar este caminho e você chegará lá ainda mais rápido. Pessoas extraordinárias são diferentes, elas se destacam por sua ousadia e por acreditarem que elas podem realizar feitos impossíveis.

Você é uma delas? Então tudo dará certo.

“

O seu propósito está dentro de você, apenas é necessário que você viva sua jornada e sua consciência irá se expandir durante o processo.

Bruna Graciotto

# Milena Pacheco

Mãe, *master coach* Integral Sistêmico, pela Febracis; *Personal & Profeccional Coaching* pela Sociedade Brasileira de Coach (SBC); Coach de Carreira pela Febracis, Analista de perfil comportamental Cis Assesment; enfermeira há 15 anos com experiência em gestão, liderança, trabalho em equipe e *home care*, MBA em Gestão da qualidade e processo,pós-graduação em Gestão da Enfermagem, palestrante e empresária. Criadora do Método Sua Melhor Versão que vem ajudando mulheres a transformarem suas vidas, através do fortalecimento de sua identidade, que traz ganhos nos relacionamentos, crescimento profissional e prosperidade nos seus negócios, além de desenvolverem sua inteligência emocional e terem coragem para conquistar seus sonhos. Sou cristã, esposa de Jilton Marcio, mãe da Giovana, filha de José Celso e Diraci, irmã gêmea da Lorena, e irmã de Danilo. Apaixonada por minha família, grata pela minha história, uma grande simpatizante do esporte, que acredita numa vida saudável com produtividade. Carrego comigo um grande sonho de ver muitos lares edificados pela força, coragem, perseverança e poder da oração, ação e posicionamento da mulher.

*milenapacheco.coach*
*milenapacheco.coach@gmail.com*
*+55 (75) 98123-6707*

# **Focada** e produtiva

10

Por Milena Pacheco

*"Uma mudança muito pequena na direção pode levar a uma mudança muito significativa no destino".* - James Clear

Pensar em mudar a rota e buscar novas direções, me leva ao ano de 2018, um ano que me impulsionou a estar aqui agora escrevendo para você. Neste período o meu tempo estava muito direcionado para a minha área profissional e realização de atividade física, eu me encontrava no melhor condicionamento físico de todos os tempos e minha carreira profissional estava dando um salto importante, eu iria me tornar uma referência na área da enfermagem, quanto a gestão e liderança de equipe, pois a empresa a qual fazia parte quadruplicou de tamanho, o meu grau de responsabilidade só crescia, estávamos nos tornando a maior empresa da Bahia naquele segmento e meu desejo que tudo desse certo me levou a fazer escolhas que me trouxeram consequências. Por que estou te contando isso? Porque eu cheguei em determinada situação em que não tinha tempo para minha família, para meus amigos, nem para Deus, a minha vida foi ficando cada vez mais acelerada. Sabe aquela sensação de estar sempre correndo? Era exatamente assim que eu me via, eu tive que começar a viajar para trabalhar, depois comecei a dividir a semana, metade estava na minha cidade e nos demais dias eu ficava na capital, em Salvador, trabalhando.

Passei a ficar distante do meu esposo e da minha filha e não percebi isso logo de início. Essas mudanças foram acontecendo de forma sutil, gradativa. Em determinado momento eu me via trabalhando até às 22h. Tomar café sozinha em frente ao computador se tornou algo normal. Sabe o que era mais desafiador para mim? Dizer não, isso me gerou uma sobrecarga emocional e de trabalho enorme. Então eu me tornei uma "fazedora", uma mulher multitarefa, que tinha diversos papéis, mas não sabia por onde começar a executar e aí escolheu dar prioridade às tarefas urgentes, ou seja, o trabalho.

Neste contexto olha o que Steve Jobs traz para nós: "Algumas pessoas acham que foco significa dizer sim para a coisa que você quer focar. Mas não é nada disso. Significa dizer não às centenas de outras boas ideias que existem. Você precisa selecionar cuidadosamente. "Esse conceito me provava o tempo todo que eu estava agindo errado; no momento de fazer a seleção cuidadosa, eu não analisei todas as possibilidades, achei que toda essa mudança na minha carreira era a coisa certa a se fazer, eu iria ganhar reconhecimento profissional, iria poder proporcionar mais experiências bacanas a minha filha, algum dia iria viajar com meu esposo, iria alavancar meu financeiro, tudo isso é bom, maravilhoso, mas a que preço eu estava buscando isso? Em poucos meses, exatamente 5 meses, eu passei por uma grave crise de coluna e fui paralisada por uma dor que me incapacitou de fazer as coisas mais simples como lavar o cabelo, fazer meu café, e não conseguia ficar em pé por 10 minutos. Em poucos dias já estava com diagnóstico de hérnia extrusa na região lombar, ou seja, precisava de um procedimento cirúrgico e até chegar à mesa de cirurgia passei por muitas provações.

Aquela mulher que estava super ativa, se via agora deitada na cama imóvel e sentindo uma angústia muito grande. Sabe por quê? Porque eu só pensava em toda agenda de trabalho que tinha para executar. Foram dias e noites muito desafiadores, até retornar ao trabalho foram exatos sete meses. Quero aproveitar essa minha história e te levar a refletir: eu estava vivendo uma vida produtiva, ou ocupada? Deixa-me te explicar a diferença. De acordo com Christian Barbosa, especialista em produtividade, criador da Tríade do Tempo, estar ocupada não é garantia de ser produtiva, produtividade tem a ver com equilíbrio, está relacionado a aprendermos a gerenciar a vida, a tomar decisões e fazer escolhas. Então, comecei a compreender que deveria fazer uma revisão na minha vida, aproveitar aquele momento que estava vivendo para refletir e alterar os meus resultados, porque algo muito duro estava ali martelando na minha cabeça: se eu não cuidar de mim, quem vai cuidar? Se eu não tomar meu papel de mãe, que memórias minha filha terá? Se eu não ocupar o meu papel de esposa, outra pode querer ocupar? O que fazer então? Quero compartilhar com você que o problema na minha coluna, foi o start que precisava para ser uma nova mulher, eu ganhei na dor, oportunidade de viver algo novo, de mudar, de repensar. Eu não queria mais ser aquela mulher ocupada, estressada, ansiosa, tensa, que só reclamava com as pessoas que mais amava, porque não sei você, mas eu agia assim, fora de casa era educada, calma, paciente, boa ouvinte, e quando estava dentro de casa, era mal humorada, com estresse sempre alto, impaciente, sem tempo para nada, minha família estava pagando o preço daquela vida que eu escolhi, estava na hora de mudar o jogo e eu entendi que só dependia de mim. Eu queria me tornar uma mulher produtiva e focada nas coisas certas, na dose certa e então eu tomei a decisão de AGIR.

Segundo Tony Robbins a verdadeira decisão é medida pelo fato de que você tomou atitude. Se não houver atitude, então você realmente não decidiu. Toda mudança que eu e você devemos fazer, passa por algumas etapas: *primeiro* você precisa ter clareza do que você quer e não quer e neste desejo, crie uma imagem mental; *segundo* saiba o que é verdadeiramente importante para você e atrelado ao seu desejo, transforme essa imagem num objetivo definido escrevendo uma meta, a partir daí vendo de onde vai partir, devemos pensar no "como" executar, avaliar cada etapa, traçando o plano de ação e agora, com o plano em mãos, identifique que novas rotinas você vai estabelecer para que as tarefas sejam realizadas. Eu já sabia o que não queria! Algo que também me ajudou foi aceitar a situação e enxergar o que aquilo tudo queria me ensinar, então a primeira coisa foi superar aquela fase de questionamentos: por que isso aconteceu comigo? O que eu fiz para merecer isso? Eu estava no momento crucial de escolher me tornar uma mulher melhor ou afundar no mar de lamentação.

Resolvi criar uma rotina para mim, mesmo dentro de casa e acamada. Eu comecei a trabalhar meu foco visionário, que era enxergar aonde queria chegar; depois trabalhei meu foco comportamental, que hábitos eu queria desenvolver; e por fim, trabalhar a persistência, era o meu foco consistente, não me deixar parar ou desistir. Trabalhar foco, me trouxe de ganho a produtividade, eu estabeleci horários para realizar tudo, decidi mergulhar no autoconhecimento, estipulei tempo de estudo, tempo de oração com Deus, eu tinha momento específico para ficar com minha filha, eu fui me reconectando com tudo aquilo que sempre foi o mais importante para mim. Foram meses que me proporcionaram experiências maravilhosas, desenvolvi inteligência emocional e melhorei meus relacionamentos.

Eu criei hábitos e rotinas na minha vida. Hoje pratico corrida, musculação e ciclismo, fiz transição de carreira, tenho tido tempo para minha família, tempo para Deus, sou uma mulher focada e produtiva e a cada dia, venho aprimorando os meus hábitos e melhorando 1% todos os dias. Então, minha amiga, não importa o que você passou, as decisões que você tomou, ou como está a sua vida agora, o que realmente faz a diferença é você saber se os seus hábitos estão levando você no caminho do seu sucesso. Se eu consegui, passei por tudo isso e estou aqui vivendo um novo tempo, você também pode e merece viver o melhor de Deus na sua vida.

A sua produtividade acontece quando você tem hábitos saudáveis, mudança de comportamento e melhoria contínua. Existe um poder nos pequenos passos, mas você deve ter atitude de AGIR. Pensando nisso, quero que você encerre esse capítulo fazendo o que deve ser feito, responda essas três perguntas, reflita e aja!

1. Qual o seu sonho? Seu maior desejo? Aquilo que vai te trazer realização, satisfação, felicidade?

2. O que te impede de viver esse sonho?

3. O que você vai fazer a partir de agora para retirar as distrações, trabalhar os impedimentos e agir em direção ao seu sonho?

"

*A sua produtividade acontece quando você tem hábitos saudáveis, mudança de comportamento e melhoria contínua.*

Milena Pacheco

# Ivana Miranda

Ivana de Sousa Miranda de Oliveira, soteropolitana, nascida em 25 de abril de 1978. Cristã, filha de Ivan de Jesus Miranda e Otávia Maria de Souza, esposa de Ian de Oliveira, mãe de Nathalia e Arthur. Empresária, escritora, empreteca, mentora de mulheres, criadora do método "Transformação Para o Sucesso" (TPS), *master coach* Integral Sistêmico e analista de perfil comportamental formada pela Febracis e pela *Flórida Christian University*. Administradora formada pela Faculdade da Cidade, especialista em Marketing Digital e Mídias Sociais formada pela Universidade Jorge Amado — Unijorge. Proprietária da Miranda Joias, sócia na Agência MasterUp, consultora Rommanel, ministrante oficial dos livros O Poder da Ação, Foco na Prática e Poder e Alta Performance, do PhD Paulo Vieira.


*Ivana Miranda Coach*

*+55 (79) 98160-7337*

# Felicidade não se compra

# 11

Por Ivana Miranda

É comum vermos associações sobre a felicidade como algo tangível, baseado em situações do nosso cotidiano. Essa associação geralmente vem com a justificativa de que só se vive uma vez, ou afirmações que nós fazemos, atrelando a nossa felicidade a um bem material, dinheiro ou objetivo superficial, por exemplo: estarei realizada quando eu comprar minha casa, quando eu receber tal salário serei feliz.

Passamos parte da vida olhando para pequenas coisas, que podem até ser capazes de nos trazer uma felicidade momentânea, mas que logo em seguida nos coloca em outra direção, novamente em busca de algo que dê prazer similar ou maior ao anterior. Porém quando despertamos para o que de fato significa a felicidade, passamos a levar uma vida plena, transformadora e o que antes eram objetivos de prazer momentâneo se tornam pedaços da nossa jornada.

Paulo Vieira, criador do revolucionário método CIS, explica que a felicidade também possui um método, um conceito em que ele descreve que a vida pode ser fundamentada em momentos ou em existência, onde os momentos são baseados nos acontecimentos e a existência é baseada em conexão humana, na plenitude do nosso ser.

Durante muitos anos eu levei uma vida onde a minha felicidade era baseada em momentos, onde o TER era mais importante que o SER. Isso muitas vezes me trouxe frustração e tristeza, porém eu consegui virar a chave, mudei a minha realidade, conquistei coisas que eu sequer imaginei um dia e o mais importante, vi a minha família prosperar. A história que eu vou contar aqui, é para mostrar a você, que não é tarde para ter uma vida feliz, transformadora e baseada na existência.

## A minha história

Eu sempre fui uma pessoa estudiosa, focada e com objetivos. Como uma mulher cristã, eu sempre coloquei Deus a frente de tudo, sempre orei por sabedoria e proteção por onde passava e foi assim que eu tive força e não desisti dos meus sonhos e objetivos. Após me casar e formar família, decidi ingressar na faculdade de Administração. Enquanto eu cursava a graduação, surgiu uma oportunidade para trabalhar na secretaria de uma instituição, não era um cargo de chefia, mas naquele momento aparentava ser uma chance de crescer profissionalmente e ganhar bem.

No início tudo se mostrou amistoso, mas com o passar dos anos me vi sugada por um ambiente nocivo, sem perspectiva de crescimento e cada vez mais sendo explorada a nível intelectual e emocional. Apesar de tudo, eu ainda não enxergava claramente o mal que essa situação me fazia, pois através daquele trabalho eu conseguia proporcionar a minha família, breves momentos de lazer, por mais que isso fosse algo bom e necessário, ainda era momentâneo. Os pequenos objetivos que eu conseguia alcançar através daquele emprego mascaravam meu potencial.

Durante esse processo, a Rommanel entrou na minha vida por meio de uma tia, que já era uma consultora da marca e me estimulou a vender semijoias como forma de obter uma renda extra. A partir daí, passei a vender para amigos, familiares e colegas de trabalho. Eu já possuía uma aptidão para vendas e me tornar consultora começou a despertar, em mim, o sentimento que eu poderia ir muito longe.

Após 10 anos exaustivos, batendo ponto, trabalhando sem parar, doando meu tempo, fui surpreendida pelo golpe da demissão. No início foi um choque, porém em seguida consegui perceber o quão positivo isso era. Eu não estava feliz naquele trabalho e essa era a chance de me reerguer e ir em busca da verdadeira felicidade, foi então que decidi investir em mim, na Rommanel e em um empreendimento para mulheres. Toda aquela situação também me levou a desafios extraordinários, como empreender no ambiente digital. A partir de então passei a ser uma consultora Rommanel que não vendia de porta em porta, meu espaço inicial foi Instagram e Facebook; depois o WhatsApp, até que eu inaugurei meu site. Hoje, trabalho em todos estes ambientes. Para trazer mais resultados, ampliar meus horizontes e crescer ainda mais, eu iniciei uma pós-graduação em marketing e mídias sociais. Em todo esse processo meu combustível diário foi a minha fé. Ter a resiliência para compreender o momento em que eu estava, orar por sabedoria para dar os próximos passos e me permitir enxergar o caminho através das portas que se abriam para mim. Uma dessas portas, foi a Febracis, a maior instituição de coaches do mundo. Através dela iniciei minha jornada de autoconhecimento e descobri que o meu propósito é empoderar mulheres e nessa caminhada de autoconhecimento também percebi que minha felicidade não estava atrelada aos momentos felizes, ao dinheiro ou à bens materiais. Eu já estava baseando minha vida na observação das coisas importantes que ela tem, nas coisas que possuem valor para mim.

Com isso eu pude compreender que ao virar minha chave, as minhas necessidades também mudaram eu estava vivendo pelo SER. Ser mais presente para a minha família, ser mais útil para aqueles que me cercam, ser uma pessoa melhor a cada dia, ser um meio de transformação e desenvolvimento na vida de outras mulheres. E era isso que me motivava e me motiva até hoje, me torna uma pessoa feliz, pois a felicidade não é apenas um momento, não pode ser comprada ou medida.

A felicidade é a capacidade de florescer, apesar das adversidades, e espalhar sementes de transformação na vida das pessoas em sua volta. É a conexão com tudo que é intangível, imensurável e inestimável. É o olhar amoroso dos nossos filhos, é o respeito e cumplicidade da pessoa que escolhemos em matrimônio para viver ao nosso lado, é a gratidão daqueles que ajudamos durante nossa caminhada, são nossos valores e a nossa própria existência.

Hoje eu sou consultora Rommanel, empresária, administradora, especialista em marketing e mídias sociais, empreteca, *master coach*, palestrante na área de empoderamento feminino e desenvolvimento humano e ajudo mulheres a acreditarem nelas mesmas, tudo isso eu conquistei após descobrir o meu propósito, ao basear minha vida na felicidade pela existência.

De acordo com a Psicologia Positiva de Martin Seligman, a nossa felicidade plena está relacionada ao cultivo das emoções positivas, dos bons relacionamentos e estar engajado com o nosso propósito de vida e nossas realizações, com isso poderemos florescer e nos tornamos pessoas felizes. Em outras palavras, nossa plenitude e crescimento está diretamente relacionado às nossas ações, ao que buscamos e o que perpetuamos. Quando estamos alinhados com o nosso propósito e fazemos o bem, atraímos a prosperidade.

Eu costumo dizer que quando levamos uma vida de acordo com nossos valores, seguindo o nosso desígnio, ajudando pessoas, o dinheiro e a prosperidade vêm até nós, isso e consequência de nossas ações. Mas se passamos a vida correndo atrás do dinheiro, sem perspectiva, negociando valores, sempre querendo se beneficiar e passar por cima dos outros, toda essa prosperidade é repelida, se afasta de nós.

Um questionamento que sempre me chama atenção no *coach* é: Qual legado eu quero deixar? Como eu quero que as pessoas se lembrem de mim? E desse modo eu baseio a minha vida em viver de forma que essas perguntas sejam respondidas. Eu quero mostrar para todas as mulheres, que elas possuem o poder de mudar suas vidas, que podem construir uma nova história, que merecem ter sucesso e ser felizes plenamente. Assim como virei a chave e transformei a minha vida, eu quero tornar isso possível na de outras mulheres, esse é o legado que eu quero deixar. Mas e você? Você é feliz plenamente ou apenas vive momentos de felicidade? Já parou para refletir que você pode e merece muito mais do que a vida que tem levado? Quais são seus valores? O que de fato traz a sua felicidade? E por fim, qual o legado que você quer deixar? Você chegou ao final deste capítulo e agora eu te desafio a responder essas perguntas. Isso vai ajudar você a encontrar a sua própria jornada de autoconhecimento, descobrir o seu propósito e ter sua felicidade fundamentada na existência.

"

A felicidade é a capacidade de florescer, apesar das adversidades, e espalhar sementes de transformação na vida das pessoas em sua volta.

*Ivana Miranda*

BONITO
é ser
GRATIDÃO
Gera
GRATIDÃO

# Vanessa Ramos

*Master coach*, palestrante, analista de perfil comportamental, administradora, formada em Administração de Empresas pela Universidade de Santo Amaro - SP. Possui formação com mais de 720 horas de treinamento por meio da certificação *Golden Belt* pela Febracis, uma das maiores instituições de *coaching* do mundo. Especialista em crenças, motivação, alta performance e mentalidade positiva. Criadora do método REALIZADORAS, contribui para o crescimento e transformação de mulheres que desejam empreender e transformar suas vidas vivendo do seu propósito, potencializando sua identidade e que desejam ser fonte de transformação e execução de seus sonhos e resultados, planejando e construindo um caminho claro e assertivo da vida que elas querem viver. Filha de Lucidalva Ribeiro Alves e Valter Alves e filha de Rita Maria Moraes, esposa de Wesley Ramos e mãe de Eloah Ramos. Minha missão é potencializar a capacidade, identidade e propósito de mulheres reais para construírem um futuro com resultados pessoal e profissional que elas nasceram pra ser.


*vanessaramosmkt*

*Vanessa Ramos*

*vanessalramos88@gmail.com*

*+55 (75) 99123-6604*

*Vanessa Ramos*

# Uma mulher realizada

# 12

Por Vanessa Ramos

Quero falar pra você que realização é extremamente emocional, é preciso fazer sentido para você decidir buscar por momentos, conquistas, bens materiais e sucesso. Deixe-me contar uma coisa, em um determinado momento da minha vida eu tinha a percepção de que eu era uma mulher realizada. Eu era jovem, casada, com um emprego que supria minhas necessidades, graduada, poderia ir onde quisesse. Vivia o que parecia uma vida de realização, porém o que eu não sabia era para quem era aquela realização? Se era genuinamente a minha realização pessoal ou o que eu queria mostrar para as pessoas que achavam que eu já era realizada pessoal e profissionalmente. Passava o tempo inteiro escondendo as minhas vontades, engolia atitudes negativas de algumas pessoas em relação a mim e na maioria das vezes, mesmo triste com aquele comportamento, eu achava que fazia parte, que não poderia reclamar porque eu já tinha demais. Sabe aquela frase "tem muita gente querendo o que você tem e você aí reclamando"? Eu sentia que seria injusta, ingrata se reclamasse "de barriga cheia", vivia ali não a minha realização, era a realização que as pessoas decretaram que era minha.

Foi quando um dia sentada na mesa do meu trabalho que um amigo e cliente muito querido, professor Tertuliano me disse: você já ouviu falar no *coaching*? E eu lhe disse que não. Em nossa conversa ele me falou que me observava naquela mesa e que eu tinha o perfil de um coach, tinha o olhar firme, sabia usar as palavras e que eu poderia ajudar muita gente nesta profissão. As palavras "ajudar" e "contribuir" me chamaram atenção. Naquele dia cheguei em casa com meu coração palpitando e fui procurar informações sobre aquela profissão que alguém com uma alma tão incrível me falara. E foi neste momento que começou a minha busca por realização. Não aquela realização que pedia licença e perguntava aos outros se podia existir, era a minha realização, meu propósito, minha missão.

Na jornada da realização é preciso antes de qualquer coisa decidir conquistar seus objetivos. E como realização é emocional, nessa jornada é muito importante saber quem você é, quem você vai se tornar e porque isso é importante pra você. Eu ouvi uma frase de Fernanda Montenegro onde ela dizia "Aprendi a ser o máximo possível de mim mesma" e quando ouvi esta frase muitas fichas caíram pra mim. Caiu a ficha que não existe realização para alguém que não busca se conhecer. Aprendi que a realização precisa fazer sentido para o seu mundo interior para que você tenha força para manifestá-la no mundo exterior. Aprendi que não é o que você vai ganhar e sim em quem você vai se tornar ao longo do processo que não vai te fazer desistir. Aprendi que não é apenas quem você vai fazer feliz, mas se você vai ser feliz ao conquistar alguma coisa que vai trazer sentido à trilha da sua realização. Ser o máximo de você mesma é se colocar como centro da atenção e do cuidado das conquistas que virão para sua vida.

**Eu quero que você faça o seguinte exercício:**

Pense em 3 pessoas que você é fã ou que você admira por viver e conquistar as coisas que você quer para a sua vida. Após isso faça uma análise delas, você vai ver que essas pessoas buscam ser quem são, que elas têm particularidades próprias, são corajosas, expõe suas opiniões, tem características próprias. Realização é autoconhecimento do que realmente é importante para você. Logo depois vá para a frente do espelho e você vai se fazer algumas perguntas:

1. O que essas pessoas têm que você não tem?
2. O que você pode fazer agora para começar agir na direção dos seus objetivos?
3. Quais comportamentos e ações precisam acontecer na sua vida para você aprender a ser o máximo de você mesma?

Eu buscava a realização em minha vida para proporcionar orgulho a minha mãe, para permitir as melhores coisas para a minha filha, para mostrar ao meu pai que eu já tinha me tornado uma mulher. Aprendi que realização é a coragem de ser quem eu sou. Porque quando você reconhece a importância de aprender a ser o máximo possível de você

mesma, uma leoa nasce, uma força sobrenatural, algo vindo de Deus mostra pra você o quanto essa mulher que existe dentro de você pode e merece ser, ter e viver aquilo que ela deseja.

Já não é mais pelos outros, ou para provar nada a ninguém, é a necessidade de não querer mais a mediocridade, a mesmice. Você entende que é gigante demais para viver escondida em um mundo que não te pertence mais.

E então você descobre que ser quem você é, se trata de uma obra perfeita de Deus. A jornada da realização não é uma linha reta, tem altos e baixos, momentos de felicidades e solidão e por isso após decidir atravessar a linha de chegada da conquista é preciso reconhecer que não sabemos tudo. Que em algum momento dessa trilha precisaremos de alguém para nos ajudar no processo. Eu percebi que precisava de um mentor, de um coach, um profissional que pegasse em minha mão nos momentos de dúvida. E foi nessa hora que vivi minha primeira curva da minha jornada.

Além do rótulo de jovem realizada tinha também o de inteligente, determinada, forte e resiliente. Não que eu não me considerasse, porém tudo que é visto com muita intensidade confunde num determinado momento e eu achava que podia fazer tudo sozinha. Foi o primeiro ponto de parada. Eu andava e não via saída, frustrava, me entristecia, sentia angústia por não entender como não alcançar os objetivos que queria e sentia vontade de desistir. Foi quando aprendi algo muito importante em uma frase do Paulo Vieira que diz: "O que eu não tenho é pelo que eu não sei pois se soubesse já teria". E então parti para buscar por pessoas que estavam realizando e aprender com elas como fazer.

E foi o que eu fiz, aceitei que precisava aprender coisas que ainda não sabia, que rótulos não são absolutos e então percebi que às vezes parar não significa desistir, que em toda maratona tem os pontos para os atletas beberem água para se hidratar, que nas corridas de carro existem os boxes de troca de pneus e após isso voltamos mais fortes e velozes para a trilha. Aí eu pude constatar a importância de ter um mentor, um coach na minha vida, percebi assim o poder de seguir um método, de acreditar que outras pessoas conseguiam e o mais importante, que elas tinham o que eu não sabia para conseguir pôr em prática as ações certas para obter resultados.

Com o meu mentor aprendi o que eu precisava para continuar na minha trilha de realização. Através de ações assertivas e direcionadas fui tendo clareza de como fazer e quando fazer, com inteligência emocional e gerenciamento das minhas emoções para saber que para tudo existe um tempo certo de acontecer. Uma característica relevante quando o assunto é a conquista dos seus objetivos é não ter medo de errar, foi outra coisa que aprendi ao longo do processo. Uma verdade que você precisa saber é que você vai errar e está tudo bem, que nem sempre as coisas vão acontecer como você espera, que não é possível agradar a todos, e que as pessoas que você acha que são seus melhores amigos e estarão com você, podem não aparecer nos momentos que você precisa. O legal é que Deus te surpreende.

Por fim, quero te dizer que tudo neste mundo é energia. Você está atraindo para sua vida exatamente a energia que está vibrando, sendo assim busque estar com pessoas que buscam por realização e prosperidade, evite quem não tem compromisso consigo mesmo e com suas conquistas. Cuidado com a autossabotagem e a procrastinação, se conecte com boas energias. O livro O Poder das Conexões nos ensina que somos a média das 5 pessoas com quem mais andamos. Eu trago comigo a ideia de que preciso sempre estar ao lado de pessoas que tenham algo para me ensinar e que eu também possa contribuir com a construção da realização delas. Se estou em um local onde não aprendo e também não contribuo é porque já chegou a hora de buscar por novas conexões.

Para concluir vou deixar pra você a seguinte reflexão:

➔ Qual energia que você está atraindo?

➔ Positiva ou negativa?

➔ De realização ou autossabotagem?

➔ Na mesa onde você está sentada, você está aprendendo e contribuindo ou parece que você é a que sabe mais nesta mesa?

➔ O que é mais importante para você, *realizar ou parecer realizada*?

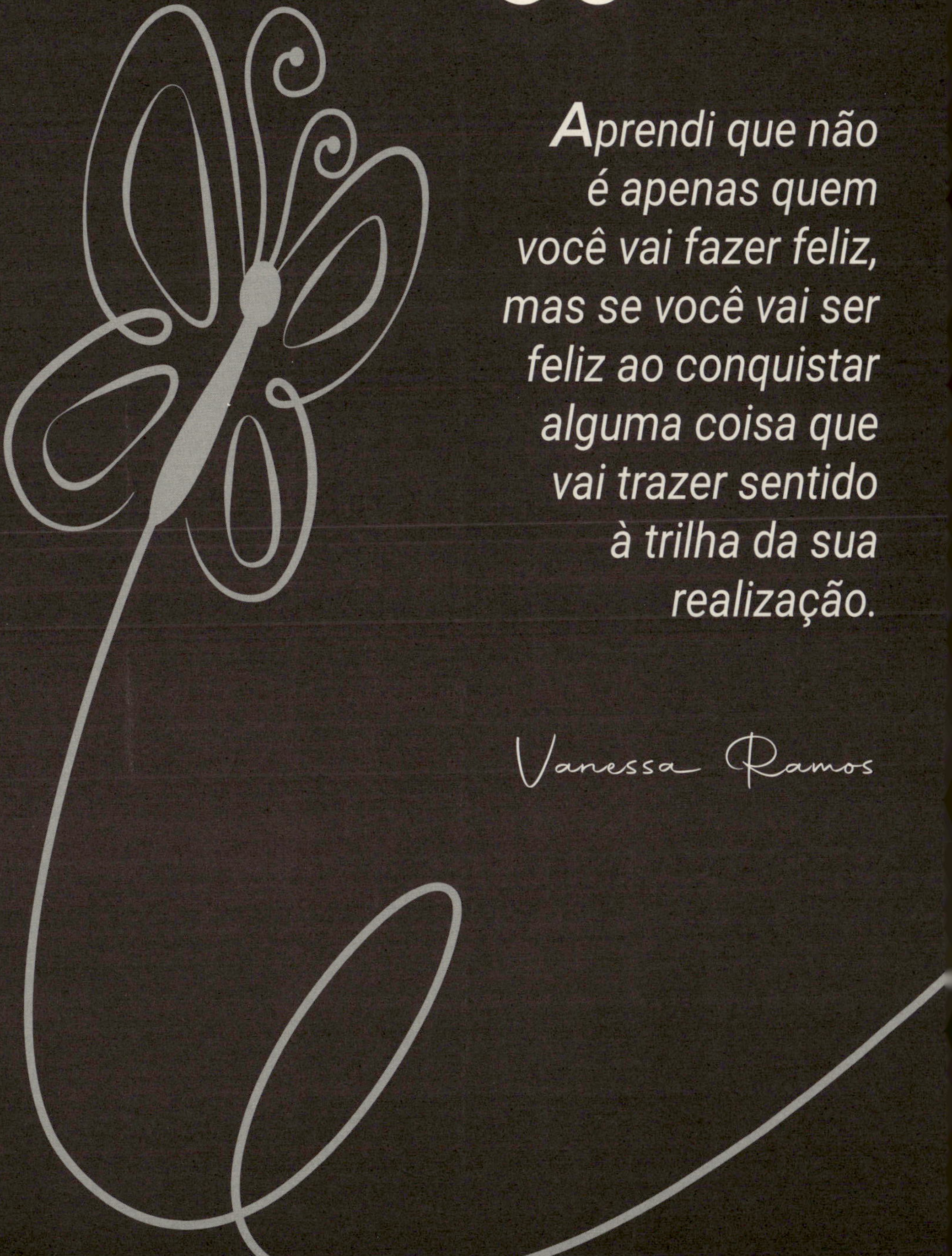

“

**A**prendi que não é apenas quem você vai fazer feliz, mas se você vai ser feliz ao conquistar alguma coisa que vai trazer sentido à trilha da sua realização.

Vanessa Ramos

# Cátia Oliveira

Empresária e especialista em Gestão Empresarial, atuou no ramo do turismo religioso por 23 anos. Formou-se em Serviço Social e, ainda muito jovem, atuou como líder eclesiástica, ajudando adolescentes e outros jovens a se desenvolverem tanto nos princípios cristãos quanto em virtudes morais e éticas. *Master coach* formada pelas instituições Febracis e EVO, é criadora do Programa Mulheres em Superação. Já ajudou centenas de mulheres a restaurarem sua identidade, vencerem suas limitações e alcançarem resultados extraordinários. A sua vida, porém, é o espelho dos seus mais fortes resultados. Antes conhecida como Kátia Rejane, retomou seu nome de batismo Cátia Oliveira, fato aparentemente simples, mas que materializa uma mulher realinhada em sua identidade e propósito, que venceu o luto da viuvez, o sobrepeso e as dificuldades na comunicação dos relacionamentos. Coautora no livro Legado, seu primeiro livro. Sua missão hoje é despertar e ajudar mulheres a viverem com propósito uma vida abundante no espírito, emoções e corpo.

*catiaoliveira12oficial*
*Cátia Oliveira*
*+55 (71) 99236-0876*

# Atitude para vencer os desafios

13

Por Cátia Oliveira

## MULHER DE ATITUDE

A mulher da atualidade está mais convicta dos seus papéis: ela é filha, esposa, mãe, profissional. Ela consegue olhar mais para si, para o seu autocuidado, entendendo que amar-se é importante para amar as outras pessoas e desenvolver bem seus relacionamentos. Ela sabe que o primeiro relacionamento a ser conquistado e desenvolvido é consigo mesma e, assim, conseguirá ainda mais servir e amar os que lhe cercam. Essa mulher (atual, de atitude, que se ama), está alinhando sua real identidade, trazendo cura às suas emoções e valorando a sua estima. Ela tem entendido que é um ser trino: um ser espiritual, que possui emoções e habita em um corpo. E, para viver a plenitude, deve estar ordenada nessas três dimensões. Na introdução da nossa conversa (decidi chamar dessa forma este capítulo, porque é assim que me sinto: sentada ao seu lado, conversando sobre mim e sobre o que tenho aprendido pelo conhecimento e pela minha vivência), quero trazer alguns exemplos de MULHERES DE ATITUDES, e logo depois explico-lhe o porquê:

Maria Quitéria de Jesus e Joana Darck, duas baianas que lutaram e defenderam o seu povo.

Rainha Ester e Abigail, duas mulheres relatadas na Bíblia que foram desafiadas a vencerem o medo e com coragem, fé, ousadia e atitudes implacáveis defenderam suas famílias.

Bíblia Sagrada, livro de Ester e livro de 2 Samuel.

Algumas lições que eu aprendo com essas mulheres:

1. Seu passado não determina seu futuro;
2. Algumas atitudes precisam de estratégia e tempo para execução;
3. Diante de um problema, omissão não é opção;
4. É possível vencer o medo, agindo com coragem e ousadia;
5. Ser movida por um propósito me mantém na jornada;

Encontre um propósito, um porquê, e você terá atitude! Eu, Cátia Oliveira, baiana, soteropolitana, empreendedora, viúva, mãe de um menino de 13 anos com apenas 49 anos de idade, vivendo a minha melhor fase e a minha melhor versão até então, quero compartilhar com você um pouco das minhas atitudes. As atitudes que me fizeram inovar e renovar os meus sonhos, dizendo que é possível, após os 45 anos, reinventar-se e viver seu melhor tempo. Quando vi que algumas áreas da minha vida estavam sem o resultado que eu desejava e sonhava, entendi que só me restava TER ATITUDE comigo mesma, pois se eu desejava conquistar meus sonhos ou novos sonhos, eu precisaria ter atitudes e comportamentos diferentes dos que eu vinha tendo nos últimos anos.

Era novembro de 2016, eu tinha 44 anos, estava pesando 87 kg (tenho 1,67m). Foi um mês muito complicado na saúde, muitas dores nas pernas, no estômago, muito cansaço, desânimo, baixa autoestima. Fiz vários tipos de exames e não deu nada grave. Pequenas taxas alteradas e os médicos dizendo que eram por conta do sobrepeso e da vida sedentária. Para completar, meu filho na época com 8 anos, estava com vergonha de sair com a mãe. Quando chegou o mês de dezembro, período de tantas confraternizações, vivi meu ápice: ou não tinha roupa para os vários eventos, ou não me sentia bem em nenhuma.

Comecei a me perguntar o que estava fazendo da minha vida, como seriam os próximos anos se eu continuasse com as mesmas atitudes! Foi quando decidi fazer novas e diferentes atitudes. Decidi colocar em prática o que já sabia sobre alimentação, que a saúde começa pela boca, que somos o que comemos; decidi, naquele final de mês, frear a quantidade do que comia (estava muito glutona). Em janeiro de 2017, eu já tinha comprado viagem de férias para o Sul do Brasil (Gramado e região), e fui decida que voltaria com menor peso ao que sairia, que não iria aumentar. E assim aconteceu! Em fevereiro, participei de um programa de inteligência emocional que só confirmava que as decisões e atitudes que eu estava tomando eram certas. Esse evento me ampliou na visão do emocional e trouxe clareza quanto à minha base das crenças, principalmente as limitantes e como eu usava o entendimento de merecimento de forma errada. Lembrei que na fase da adolescência (dos 13 aos 17 anos), eu e minha família vivemos um período de restrições, de escassez. Depois, já adulta, empresária e com recursos, vi que usei do exagero da abundância para justificar a escassez passada! Muitas vezes estamos vivendo com ações e reações no automático, baseando nosso comportamento atual pelo que vivenciamos na nossa infância e adolescência. Na maturidade, a mulher deve se perguntar: Por que faço assim? Por que reajo dessa forma? A mulher inteligente busca o equilíbrio de todas as coisas e para que este equilíbrio chegue, é necessário se conhecer, conhecer sua história, fazer questionamentos consigo mesma, pois eles possibilitam conhecer as causas, a verdade, e toda verdade é libertadora!

As novas atitudes alinhadas com a restauração emocional e o amor-próprio me fizeram eliminar 20 kg e hoje, novembro de 2021, me tornei uma mulher amante de atividades física, de alimentação saudável sem exageros, de estar me amando cada vez mais, com bem-estar do meu corpo, com a autoestima restaurada e o emocional mais leve. Quando a mulher entende os porquês, ela encontra espaço para quê. Para que suas atitudes mudem e perdurem, você precisa trabalhar e desenvolver a inteligência emocional, que começa pelos seus pensamentos, passam pelos seus sentimentos e alcançam suas crenças, aquelas formadas fortemente na infância e também adolescência."Assim como tu pensas assim tu és." (Provérbios 23:7).

Hoje com apenas 49 anos vivo superações e conquistas. Digo apenas, pois começo valorizando o tempo de agora. Aprendi que o melhor tempo não é o que passou nem o que virá, mas o HOJE, o agora, o presente, porque é nele que eu vivo e posso construir meu amanhã. Vivo, então, intensamente, com gratidão imensurável por tudo que já percorri e tudo que me fez chegar aonde estou, pois nem nos meus mais profundos sonhos eu imaginava viver a vida que hoje eu vivo, com tantas conquistas, frutos de atitudes, de novas atitudes.

Deus, o meu Criador, detentor de toda real essência e comigo mesma, desenvolvendo a cura e a inteligência emocional, pois só assim poderia extrair a minha melhor versão, em habilidades e maestria, para ser quem Deus me confiou ser: a mulher sábia que edifica não somente a sua casa, mas todos os seus relacionamentos e ambientes. A mudança de mentalidade com novas atitudes, foco e desejo ardente de restaurar a minha identidade e reviver meu propósito, me fizeram avançar em outras áreas da minha vida. Na vida amorosa, após ter vivido a perda do esposo em 2010 e longos anos de luto, eu vivo uma nova história de amor, com atitudes diferenciadas e posicionadas de quem sabe o que quer. Na vida profissional, atitude e coragem de mudar de ramo após 23 anos como empresária do turismo religioso. Volto à realidade de trabalhar com pessoas (assim como fiz em minha juventude), mas hoje de forma direcionada com mulheres. Tenho o prazer e a honra de ser mentora de mulheres, ajudando-as a se desenvolverem e a trilharem um caminho de superações onde o próximo nível sempre será melhor que o anterior!

Porém, se eu não tivesse tido ATITUDES lá atrás, em 2017, onde e como eu estaria hoje, 5 anos depois? Não ter atitudes é deixar que os outros ou os fatos decidam sua vida e jornada. Bem, deixo aqui com você o que seria para mim os passos de uma jornada para se tornar uma mulher de atitude, e atitudes assertivas!

1. Conheça a si mesma

Por mais que pareça difícil ou doloroso, mergulhe na sua história de vida, pois ela lhe trará respostas. Você pode fazer sozinha, mas com ajuda de profissionais da área, será mais leve e mais rápido o processo.

2. Conecte-se com Deus

Há um ser superior que lhe criou. Ele ama você e deseja renovar os seus sonhos, restaurar sua história. Ele colocou uma essência boa, amável, dentro de você e só através da intimidade com Ele, você experimentará uma identidade restaurada, apta a viver os seus maiores sonhos e um propósito de vida.

3. Abandone o vitimismo

Você não é coitadinha. O que importa não é o que lhe aconteceu e sim o que você fará com o que lhe aconteceu.

4. Mude! Só você pode mudar

Não espere mudanças dos outros, a real mudança começa em você. Quando você muda, tudo e todos a sua volta podem mudar também.

5. Aceite que erros fazem parte do processo

Só erra quem tenta, só falha quem teve atitude.

**Agora, como dever de casa, te deixo o seguinte exercício:**

Enumerar prioridades para que você possa cuidar da sua saúde física e emocional com ATITUDES!

Até uma próxima conversa!

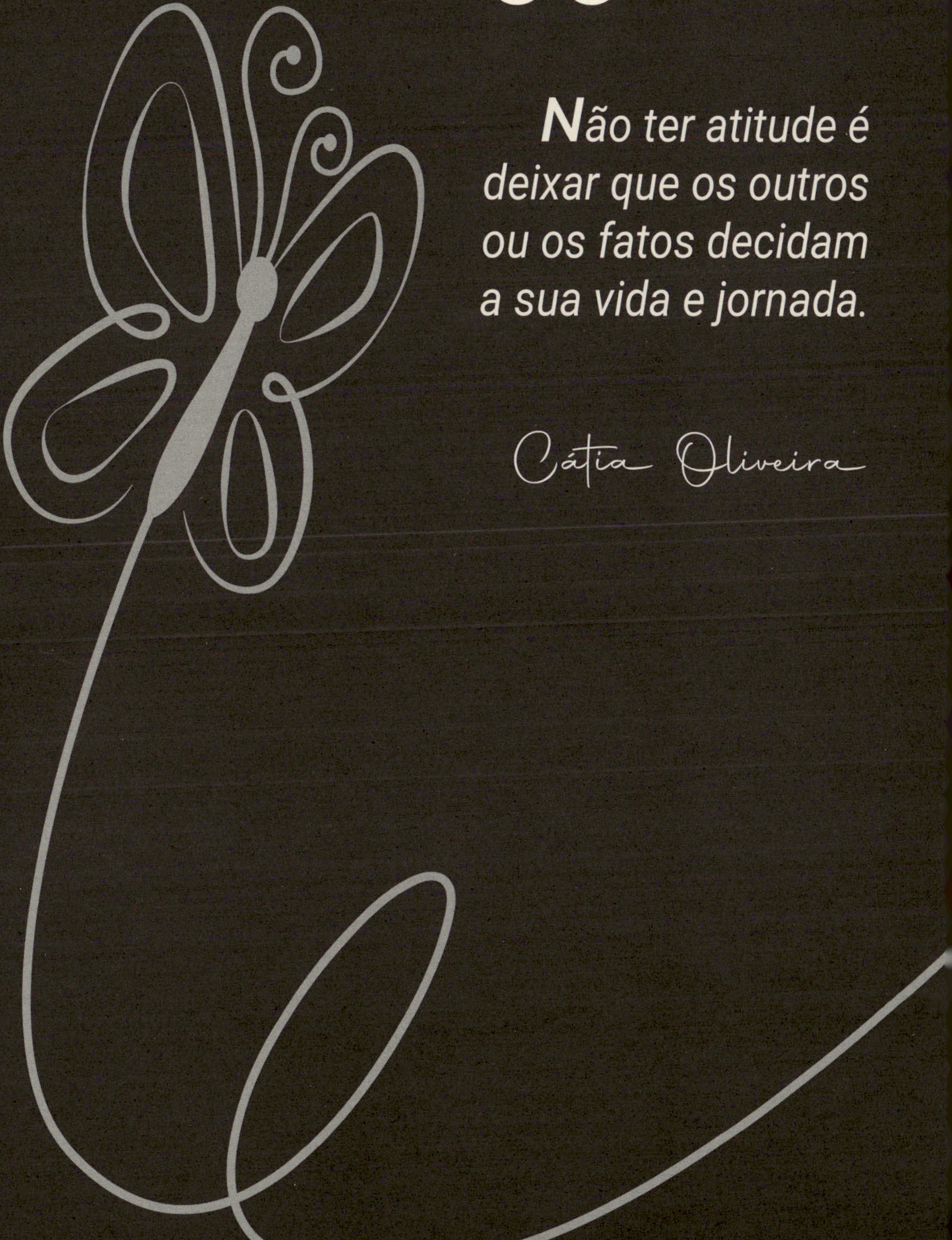

"

**N**ão ter atitude é deixar que os outros ou os fatos decidam a sua vida e jornada.

*Cátia Oliveira*

# Tatiany Cardoso

Graduada em Direito, delegada de polícia, especialista em Segurança Pública, Cidadania e Direitos Humanos, empresária, capacitada em gestão avançada de pessoas, designer de interiores, analista comportamental, palestrante, *master coach*, terapeuta Junguiana, criadora de conteúdo digital através do blog @nacaronacomtaty.


*taty_cardosoo*

*_tatianycardoso_*

*na_carona_com_taty*

*+55 (71) 99973-3977*

# 14 Empodere-se

Por Tatiany Cardoso

Nasci em Santana/BA, quase 900 Km de Salvador. Era uma menininha frágil, magrinha, dengosa e única mulher entre dois irmãos (Tácito e Tacísio). Porém, era determinada, de muita iniciativa e decidi ser delegada de polícia. Já meus dois irmãos cursaram Medicina. Lembro que eu e meu pai (Tertuliano) fizemos um disparo com o revólver quando eu tinha 9 anos. Quando meus pais iam trabalhar, eu brincava com a arma, usando as botas e colares de minha mãe (Anízia). Eles e meus irmãos só souberam disso 20 anos depois. Logo em seguida, comecei a jornada de autoconhecimento, a partir dos livros do padre, psicólogo e filósofo Lauro Trevisan.

Na vida não se faz apenas o que se gosta. Passei no primeiro concurso para o cargo de delegado de polícia, mas antes tive que me formar em Direito, que eu não gostava, por ser pré-requisito para fazer o concurso. A Academia de Polícia (fase eliminatória) exigiu-me muita disciplina e energia. Ia deitar mental e fisicamente exaurida e tudo recomeçava às 5h30 do dia seguinte. Fiz o que precisava ser feito. Ao desejar algo, esteja determinada a vencer uma parte de você mesma, seu ego.

O ego é o culpado da não concretização de algumas aspirações e a cura do ego vem através da humildade e da realidade. Essa é a conclusão de Ryan Holiday, autor do livro "O Ego É Seu Inimigo". É que a realidade pode ser chocante. Seu ego, para te proteger de dores, pode atuar contra você, te paralisando. Quando eu assumi o cargo de delegada, servi em municípios distantes. A realidade nua e crua em nada se parecia com o meu sonho. As deficiências estruturais da delegacia eram impactantes e não havia nenhum servidor para me auxiliar, então eu era a delegada de polícia, a escrivã, o investigador e dirigia a viatura. Era um chamado à resiliência.

No livro *Pense Como Um Imperador*, Donald Robertson fala sobre resiliência. A Filosofia Estoica ensina o homem a usar a razão para transformar emoções prejudiciais em emoções saudáveis, a suportar o que não é agradável, para seu próprio bem, e a resistir a determinados prazeres que lhe farão mal adiante. Mesmo frustrada com a realidade, eu não desisti de meu propósito, negociei com meu ego e o convenci de que a fase ruim seria superada.

Eu poderia recuar e, pelo histórico familiar, seguir uma programação possivelmente existente para mim, pois já possuía uma franquia de uma perfumaria tradicional, havia me graduado em Direito, passado no primeiro exame da Ordem dos Advogados e no primeiro concurso que eu fiz. Não precisava provar nada para ninguém. Poderia desistir, usando como justificativas estar longe de pessoas que amava, o falecimento de meu pai há menos de 11 meses, o acidente de veículo gravíssimo de meu irmão mais velho e, pouco tempo depois, a morte de meu irmão mais novo, em outro acidente. Usei a razão para confrontar cada justificativa que eu poderia me dar. Não poderia mudar o que já havia ocorrido e resisti emocionalmente.

O cérebro racional (neocórtex) deve ser acionado no momento certo, conforme ensina o autor do livro *O Despertar do Tigre*, Peter A. Levine, ao falar sobre a superação de traumas. Ele estudou o poder instintivo de cura dos animais e afirma que nós também o temos. E por que não acessamos essa capacidade natural de renovação? É que o neocórtex é muito mais desenvolvido em humanos que em animais. Por isso ele assume o controle da situação e impede que o cérebro reptiliano (instintivo) continue a ação iniciada no evento traumático, até dissipar a energia descarregada no sistema nervoso. A nós caberia perceber e aceitar as reações corporais (tremor, suor, batimentos cardíacos acelerados) até elas reduzirem, para só então, ativar o cérebro racional e analisar o ocorrido. E você, como tem agido diante de traumas, ameaças ou dores? Tem justificado sua paralisação ou tem usado a razão adequadamente para confrontar as suas desculpas, ser resiliente e prosseguir? Será que você não tem valorizado julgamentos levianos? É preciso estar consciente da sua essência e de seus valores. Uma delegada de polícia só é solicitada quando há conflito. O cotidiano é tenso, com cenas terríveis, histórias impactantes e, todos os envolvidos, com exceção dos mortos, querem te convencer que estão certos.

O aforismo grego "Conhece-te a ti mesmo e conhecerás os deuses e o universo", inscrito no templo de Delfos, cuja autoria é atribuída a Sócrates, é um convite ao autoconhecimento. Particularmente para mim, ter poder é conhecer a si mesma. Aceitar suas imperfeições e acolhê-las faz parte da jornada da individuação, que nunca acabará. É preciso conhecer seus pontos fortes e pontos a serem melhorados, inspirar-se, treinar comportamentos novos, arriscar mais e avançar, mesmo com medo. Não espere o medo passar e saiba que imprevistos ocorrerão. Não há tempo para esgotar todas as possibilidades, para o perfeccionismo. Quem procura a Polícia, por exemplo, quer urgência, por isso a flexibilidade e o dinamismo são fundamentais, e os ajustes são feitos no caminho. Você tem flexibilizado seu modo de pensar e agir para melhor desempenho ou tem se autossabotado com o perfeccionismo e o medo?

Cientistas da Pennsylvania State University comprovaram que 91% de nossas preocupações nunca se convertiam em realidade. E mais, uma terça parte dos 9% que fazia sentido, era menos grave do que se esperava. Agora, reflita quantas vezes você deixou de fazer algo, devido às preocupações ou querendo ter 100% do controle?

Desenvolvi um método próprio para lidar com medos, que eu chamo de "Hora do chá". Experimente! Quando o medo te visitar, convide-o para "um chá". Isso mesmo, "um chá". Não adianta fugir dele. Ele é insistente. Feche os olhos, respire profundamente. Relaxe. Mentalmente, imagine-se em um cenário seguro e sente-se com o medo. Lembre-se que ele vem para te ensinar algo sobre você mesma. Sirva-lhe uma xícara da infusão e comece a fazer-lhe perguntas: Qual o seu nome (ex. : medo de errar)? Medo "tal", quando foi a primeira vez que você apareceu em minha vida? Eu tinha quantos anos? Qual a mensagem/conselho que quer me dar? Ouça-o. Talvez ele traga a sua consciência algo da infância que precisará ser trabalhado. Talvez, ele queria que você refaça o plano de ação, para incluir algo que você havia esquecido. Depois, agradeça-lhe e diga-lhe que ele precisa ir ajudar outra pessoa. Despeça-se e respire profundamente.

Abra os olhos e escreva o que você precisa ajustar em seus planos (por onde começar, o que precisa ser feito, que dia e hora?). Qual situação você precisa resolver agora, para estar no controle da sua vida? Quais são as qualidades que sempre te ajudaram a vencer situações difíceis? Como você poderia usá-las agora? Será que a primeira atitude não está ao alcance da sua mão (um telefonema, uma mensagem de texto)?

Ações positivas e resultados trazem poder e cura. A Polícia e as pessoas que procuram uma delegada de polícia não querem ouvir justificativas (ainda que legítimas). Querem ação e resultados. Em qual área da sua vida você tem deixado de agir para obter o resultado esperado? Saiba que ninguém nasce com todas as habilidades potencializadas. Algumas são treinadas. Tive a sorte de ter uma mãe treinadora (*coach*). O que as mulheres poderosas têm em comum é autoconhecimento, atitude e persistência. Elas vencem a si mesmas todos os dias. Fazem o que precisa ser feito, com os recursos disponíveis.

Despedindo-me desse nosso encontro, lembre-se que o poder não está no diploma, no cargo que ocupa, no saldo bancário e nem na beleza física.

O poder está no autoconhecimento, na humildade para aprender, na fé, no autodomínio e na atitude. Prossiga na sua jornada de encontro consigo mesma, desfrute do verdadeiro poder e empodere as pessoas que cruzarem seu caminho.

"

*O que as mulheres poderosas têm em comum é autoconhecimento, atitude e persistência. Elas vencem a si mesmas todos os dias. Fazem o que precisa ser feito, com os recursos disponíveis.*

Tatiany Cardoso

# Dirlen Massa Massa

Filha amada de Deus, esposa de Cosme Massa, mãe de Paulo Ricardo, Pietro e Tâmara. *Coach* Integral Sistêmica pela Febracis, analista de perfil comportamental CIS ASSESSMENT, especialista em Desenvolvimento Humano e Alta Performance. CEO da Home Attend Saúde Domiciliar, bacharel em Enfermagem pela UESC (Universidade Estadual de Santa Cruz). Criadora do Programa Desperte seu Melhor (DSM), que tem ajudado muitas pessoas a viverem sua melhor versão, fortalecendo seus recursos internos, utilizando para isso princípios judaico-cristãos e a metodologia do *Coach* Integral Sistêmico. Minha missão é servir ao próximo, e no *Coaching* Integral Sistêmico encontrei o caminho para impactar vidas e conduzi-las a viver o extraordinário.

*dirlenmassa*

*timedirlenmassa@gmail.com*

*+55 (75) 99955-9910*

# Gerindo conflitos: A arte de entender as pessoas

# 15

Por Dirlen Massa Massa

Quem nunca vivenciou um conflito de relacionamento que atire a primeira pedra! A expressão: "Conhece-te a ti mesmo" apesar de ter sido escrita pelo grande filósofo Sócrates entre os anos 479 - 399 (a. C), nunca esteve tão atual. Para o pensador grego, conhecer-se é o ponto de partida para uma vida equilibrada e, por consequência, mais autêntica e feliz. De fato, esta expressão se tornou uma grande referência não apenas na busca do autoconhecimento, mas também no conhecimento do outro e do mundo.

Desde os primórdios da humanidade, as pessoas vivem gerenciando conflitos de relacionamentos em todas as áreas de sua vida: conjugal, familiar, social e profissional. Comigo e com você não poderia ser diferente. Mas, por que será que estes conflitos acontecem? A maioria dos conflitos de relacionamento ocorrem principalmente por falta de conhecimento, de si mesmo e do outro. Se relacionar com pessoas, pode ser uma das tarefas mais difíceis, pois temos uma tendência natural de querer que o outro se comporte, ou reaja diante das circunstâncias, da mesma forma que nós reagiríamos, o que é impossível de acontecer.

Durante muitos anos ouvi os mais velhos dizerem uma das frases mais errôneas que pude escutar e até a pratiquei muitas vezes: "Trate os outros como você gostaria de ser tratado!". Mas como posso tratar o outro do jeito que eu gosto de ser tratada, se o outro não é como eu? Não sente como eu, não tem as mesmas emoções, aflições e motivações que eu e, principalmente, não gosta de ser tratado do mesmo jeito que eu? Pois é, lamento informar que você, assim como eu, também precisará corrigir esta frase o quanto antes, e a partir de agora mentalizar a seguinte frase: Trate o **outro** como o **outro** gosta de ser tratado! Só dessa forma você de fato respeitará a individualidade dele, e não simplesmente replicará a sua.

Se nós soubéssemos lidar com outras pessoas, certamente nossa vida seria mais leve, os casamentos seriam mais felizes, os relacionamentos pais e filhos seriam mais pacíficos, as relações profissionais seriam mais produtivas e harmoniosas, as hierarquias seriam mais facilmente implementadas e correspondidas, as brigas entre amigos e parentes poderiam ser evitadas. Mas como podemos aprender a lidar com as características dos outros sem antes nos conhecermos de verdade?

É comum observarmos pessoas no dia a dia e perceber o quanto elas são diferentes, cada uma tem sua identidade única, assim como sua digital. Mesmo dentro do nosso lar, onde filhos do mesmo pai e da mesma mãe possuem atitudes completamente avessas. Talvez por isso, decifrar pessoas sempre foi um tema tão desafiador para estudiosos do mundo inteiro. A grande novidade é saber que isso já é possível.

Durante muitos anos eu vivi momentos desafiadores no meu casamento, na minha relação com meus filhos e na minha em minha empresa, onde gerencio dezenas de pessoas rotineiramente e hoje, quando olho para trás percebo quantos desses conflitos poderiam ter sido evitados se eu conhecesse sobre perfis comportamentais há mais tempo.

Você deve estar se perguntando: Finalmente, o que é esse tal perfil comportamental? Vamos lá, vou te ajudar a entender.

A teoria DISC desenvolvida por William M. Marston, defende que todos os seres humanos têm tendências comportamentais que podem ser divididas em 4 principais perfis, são eles: DOMINÂNCIA, INFLUÊNCIA, ESTABILIDADE E CONFORMIDADE (DISC). Sendo que os 4 perfis estão presentes em todas as pessoas, porém a intensidade de cada um é que determina a predominância do comportamento.

De forma didática, vou apresentar características comuns às pessoas que se identificam predominantemente com cada um destes perfis:

**Dominante (D):** Gostam de desafios e são muito determinados para conquistar seus resultados. Precisam de autonomia e são muito confiantes. Lidam bem com situações de risco e pressão. Tomam decisões rápidas e de forma racional. São ousados, competitivos e diretos.

**Influente (I):** Gostam de fazer parte de grupos e desenvolver novos relacionamentos, tem facilidade de demonstrar suas emoções e amam elogios. Tomam decisões rápidas e de forma emocional. São carismáticos, otimistas e persuasivos.

**Estável (S):** Gostam de planejamento e orientações claras, tem grande capacidade de apaziguar conflitos e gostam de ambientes harmônicos. Tomam decisões demoradas e de forma emocional. São acolhedores, pacientes e bons ouvintes.

**Conforme (C):** Gostam de regras e procedimentos, tem forte tendência ao perfeccionismo e necessitam de muitas informações. Tomam decisões demoradas e de forma racional. São detalhistas, organizados, analíticos e possuem altos padrões de exigência.

Imagine a minha vida antes de ter este conhecimento: Casei em 2001 aos 23 anos e sempre fui apaixonada pelo meu esposo, mas mesmo nos amando muito, nós brigávamos com muita frequência por coisas pequenas, que tomavam grandes proporções na minha vida, e o que eu rotulava de "frieza" dele me machucava muito.

Meu marido tem um ritmo muito acelerado, do tipo ligado na tomada, o que hoje entendo que é uma característica do seu perfil comportamental (D+I) e por ter uma intensidade muito elevada, possui perfil firme, o que acabou submetendo toda a família ao seu ritmo. Entretanto, cada um dos nossos 03 filhos possui um perfil distinto, eu e 02 dos nossos filhos temos perfis que assimilam bem esta velocidade (I+D), apesar de muitas vezes ser bastante desgastante. Porém, um deles tem perfil completamente oposto (C), é mais cauteloso, detalhista, calmo e paciente e por isso, não conseguia acompanhar o ritmo da casa.

Pois bem, meu filho estava sendo submetido a um nível de stress e ansiedade altíssimo, pois ele não estava conseguindo viver verdadeiramente sua essência, ele não utilizava de forma eficaz suas melhores habilidades, pois exigiam tempo que a família não tinha para oferecer. Esta situação gerou alguns transtornos na vida dele, como insegurança, nervosismo, dificuldade de dormir, além do sentimento de incapacidade, uma vez que ele não conseguia acompanhar a velocidade da família.

Estas e outras situações rotineiras, me fizeram questionar por muitas vezes: Por que meus filhos são tão diferentes? Por que se comportam tão diferente, se recebem a mesma educação? Por que alguns estímulos são tão inspiradores para um e frustrante para outro? Por que um passeio em família pode ser tão divertido para um e tão entediante para outro? Por que uns gostam de falar, enquanto outros não tem a menor paciência em ouvir? Por que eu me cobro tanto? Será que estou fazendo tudo errado?

Confesso que estas interrogações me angustiavam muito, até que eu tive a grata felicidade de conhecer a análise de perfil comportamental, e posso dizer que salvou a minha família. A partir da nossa análise de perfil, conseguimos entender melhor uns aos outros, perceber nossas fortalezas e fraquezas, e a partir daí passamos a nos comunicar de forma mais assertiva, evitando julgamentos e rótulos do tipo: frio, insensível, direto, lento, impulsivo, indiscreto, intolerante, pessimista, desorganizado. . .

Descobrimos que é perfeitamente possível que, qualquer pessoa conhecendo seu próprio perfil, desenvolva certas habilidades aprendendo a usar melhor seus recursos internos positivos e ajustando os aspectos negativos. Enquanto pais, eu e meu marido percebemos que não podemos e nem devemos tratar nossos filhos da mesma forma, apesar de amá-los na mesma intensidade, cada um tem sua forma única de amar e ser amado, por isso, agora na minha casa cada um tem o tratamento que gosta, merece e precisa receber. E o mais importante foi entender que não existe perfil certo ou errado, melhor ou pior. O melhor perfil para cada um é aquele que foi escolhido por Deus e que certamente te definirá melhor e te fará mais feliz!

Tenho certeza que aprender mais sobre o seu perfil comportamental poderá ser extremamente valioso em todos os aspectos da sua vida, mas é preciso ir além e colocar em prática todo aprendizado adquirido a partir do autoconhecimento no seu dia a dia, por isso te convido a refletir as seguintes questões:

**Quem verdadeiramente é você?**

**Com qual perfil você mais se identifica?**

**Você é capaz de identificar seus pontos fortes e fracos e gerenciá-los?**

**Você é capaz de identificar e respeitar os pontos fortes e fracos daqueles com quem convive?**

“

*Não podemos e nem devemos tratar nossos filhos da mesma forma, apesar de amá-los na mesma intensidade, cada um tem sua forma única de amar e ser amado, por isso, agora na minha casa cada um tem o tratamento que gosta, merece e precisa receber.*

Dirlen Massa Massa

# Daniele Hubner

Filha amada de Deus, esposa do Maikel, mãe da Milena, filha, irmã, cunhada. Licenciada em Pedagogia (UNIMES), pós-graduação Lato Sensu em Educação Especial e Inclusiva. Educadora com experiência no Ensino Fundamental.

Amo estudar Desenvolvimento humano e entender como posso conviver melhor com minha família através do autoconhecimento. Treinadora em desenvolvimento pessoal e convívio familiar, criadora do treinamento MMP Mulher, Missão e Propósito que tem ajudado muitas mulheres a viverem sua verdadeira identidade, viver seu propósito e assumirem sua missão através de maior intimidade com Deus, dos princípios judaicos cristãos e também da metodologia do CIS. Analista de perfil comportamental com formação em *master coach* Integral Sistêmico, pela Federação Brasileira de *Coaching* Integral Sistêmico.


*danielehubners*

*danielehubneraquinosilva@gmail.com*

*+55 (33) 99922-5559*

*Daniele HubnerS*

# **Vivendo plenitude** no relacionamento conjugal

16

*Por Daniele Hubner*

Primeiramente, gostaria de te dar boas-vindas e te parabenizar por ter chegado até aqui. Quero que se sinta bem à vontade para batermos um papo gostoso e que você possa aprender com minhas experiências. Quero iniciar lhe perguntando: Como anda seu casamento? Existe amor e harmonia entre vocês? A qualidade e quantidade da relação sexual te deixa bem? Como é seu marido? Sente que ele poderia te ajudar mais nas tarefas do lar e com os filhos? Ter mais tempo com a família? Ele tem o hábito de concertar as coisas em casa? Quando você o pede um favor, ele logo se atenta a fazer? Te pergunto, pois hoje vivo plena e em constante evolução, mas nem sempre foi assim. Já tive inúmeros problemas conjugais. Hoje entendo as principais causas deles.

Eu sempre estudei tantos temas e matérias, mas nunca havia parado para estudar sobre relacionamento conjugal. Devido a isso, por não ter esse conhecimento, a convivência diária foi se tornando terrível. Foram dias difíceis, de intensas discussões, e eu não entendia o motivo de uma mulher que trabalhava fora, era organizada, auxiliava nas questões financeiras da casa, ainda assim vivia se sentindo só. E cada vez mais eu percebia que meu esposo fugia de estar em nosso lar. Até que, certa vez, muito frustrada com a situação que se encontrava meu casamento, resolvi buscar ajuda de Deus e pedi em oração que ele me desse um texto bíblico me mostrando o caminho a seguir. Eu, que era pouco conhecedora da Palavra, caí como de paraquedas no texto do livro de Provérbios capítulo 31, e para minha surpresa, lá falava exatamente do papel da esposa. Vi que tinha muitos pontos a melhorar.

Confesso que li, mas o orgulho e arrogância eram tão grandes que não fiz tanta questão de vivenciar. Continuei vivendo me achando superior a ele em muitos pontos, tentava competir constantemente. Eu sabia das boas características do meu esposo, mas nunca o elogiava e na primeira oportunidade o criticava. Porém, no fundo, me sentia mal de sempre viver aquela situação.

Tempos depois adoeci e da noite para o dia tive que me afastar do trabalho, não conseguia mais realizar tarefas simples, ia ao médico no mínimo três vezes na semana e adivinha quem me acompanhava, me auxiliava no banho, passava a noite sem dormir cuidando de mim? Se imaginou que era meu esposo, você ACERTOU.

Fiz muitos tratamentos e sem soluções, fui parar em uma cirurgia. Os médicos iniciaram uma videolaparoscopia para confirmação da endometriose. Durante a cirurgia, suspeitaram de uma possível gravidez, fiquei em observação, sem saber o verdadeiro motivo e no dia seguinte, chegou a notícia que eu estava grávida de 8 semanas e era de altíssimo risco. Foi um susto. Meu marido subiu para o quarto do hospital felicíssimo e mais uma vez me deu forças para enfrentar os medos daquela linda e arriscada gravidez. Nossa filha nasceu com 39 semanas e saudável.

Tudo ia muito bem, até que 4 meses depois do nascimento de nossa primogênita, meu esposo sofreu um gravíssimo acidente. Naquele dia, meu chão se abriu, o medo de perdê-lo, de ter que cuidar e educar nossa filha sozinha foram enormes. Nesse dia, muitas fichas caíram e vi que eu precisava mudar, que tinha que aprender a ser uma melhor esposa.

Nessa hora, ficou claro que as coisas ruins que tínhamos vivido eram muito menores, e que eu precisaria perdoar as falhas do meu esposo, mesmo porque eu também tinha as minhas. A certeza aumentou ao chegar no hospital para visitá-lo, mesmo sem poder se movimentar, ele me recebeu com um enorme sorriso. Após seu retorno para casa, dediquei todo o meu tempo aos cuidados para com ele e à nossa bebê. Foram dias de luta, porém, foram os dias em que aprendi que o amor, importância e respeito ao próximo, vinham antes do amor conjugal. Mas perdoar ainda era um desafio.

Durante a recuperação do acidente me preocupei com algo que apa receu em seu olho e aproveitando o momento, já marquei uma consulta com o oftalmologista e para nossa surpresa o assunto era sério. O médico nos encaminhou com urgência para outra cidade e foi logo feita a cirurgia para a realização da biopsia. Quando o resultado chegou levamos um susto, era câncer. Porém através de decisões e ações realizadas na hora certa, tudo foi solucionado. Para honra e glória de Deus todo o tumor foi retirado na cirurgia. Aqui entendi, que o Criador tinha propósitos maiores para nossas vidas.

Comecei a adquirir livros e cursos que falavam sobre relacionamento conjugal e desenvolvimento humano. A maior das reflexões foi da frase do escritor Tony Robbins **"Perdemos tempo procurando o amante perfeito em vez de criar o amor perfeito"**. Caíram fichas? Nessa frase entendi perfeitamente que um casamento fantástico é construído. Tive essa certeza ao ler o livro O Milagre da Manhã onde descobri que para se transformar um casamento, basta um dos cônjuges decidir. Geralmente acontece o seguinte:

Um parceiro não está satisfeito com a situação atual, mas o outro acha que está tudo bem.

Os dois reconhecem que a relação não vai bem e um parceiro quer fazer algo a respeito, mas o outro não quer agir.

Vivi situação semelhante. E, você já se viu assim também? Essas situações deixam pessoas confusas. Ou aceitam viver do jeito que está, ou sofrem as consequências do divórcio. Diante de pesquisas, estudos e principalmente da minha própria experiência, acredito que seja melhor permanecer e metamorfosear esse relacionamento. Você deve estar se questionando: Como assim, posso mudar meu relacionamento sozinha, se ele é um dos culpados por chegarmos a essa situação?

Ou: Por que meu marido não pode fazer ao menos, alguma coisa? Ou então: É ridículo assumir a culpa, fingir que está tudo bem. Qual o sentido? Veja ótimas razões pelas quais você deveria melhorar seu relacionamento, mesmo sem a ajuda do seu cônjuge.

**Assuma a responsabilidade** de transformar seu casamento. É seu relacionamento, você está nele diariamente. E o que acontece, ou deixa de acontecer nele, afeta sua alegria, seu bem-estar, sua carreira e tudo ao seu redor.

Observe quais **crenças** você carrega a respeito desse tema. Muitas mulheres acreditam que: "Se ele me ama verdadeiramente, ele vai querer transformar nosso casamento e vai me auxiliar nesse processo". Essa é uma crença falsa, **descarte-a urgente.**

**Encoraje-se:** Quando você diz que não vai mudar a situação que se encontra seu casamenSeto, a menos que seu marido faça o mínimo possível, você está entregando seu relacionamento as mãos alheias. Não espere pelo outro, encoraje-se e obtenha você mesma os frutos daquilo que você plantou.

E se, mesmo assim não se sente convencida, que pode e merece metamorfosear seu casamento sozinha, te pergunto: Deseja saber qual seria o principal motivo? Abra o coração e vamos lá. A principal razão pela qual você deveria transformar seu relacionamento, não é para seu esposo, é para você mesma! Digo isso com o coração leve, você merece viver feliz e em paz. Então, se você não deseja continuar vivendo assim, mude você primeiro, transforme suas velhas palavras e ações em novas, saia da sua zona de conforto, e enfrente o que preciso for para viver plena e realizada.

Entender o que tira a plenitude no pilar conjugal faz toda a diferença. Você sabe o que te deixa incompleta no casamento? E o que ativa os seus gatilhos? Perceber o que me atingia foi crucial e aquela disputa de poder deixou de existir. Assimilar que meu marido é o primeiro na minha vida, me fez obter maiores resultados. A nossa intimidade e o amor, agora me fazem sentir plena, me dão brilho no olhar, sorriso verdadeiro no rosto e paz em todos os dias da minha vida. Imagina você também vivendo tudo isso no seu relacionamento conjugal. Acredito que imaginar te deu um novo ânimo não é verdade?

Então te convido a responder os **exercícios abaixo em seu caderno:**

1. A primeira coisa que eu decidi fazer foi me autoconhecer como esposa. Quem é você cumprindo esse papel?
2. Agora escreva dez principais características para ser uma boa esposa.
3. Escreva cinco comportamentos que você não gostaria mais de praticar como esposa.
4. Inclua cinco novas ações para começar a praticar ainda hoje.
5. Afirmações para se criar um casamento pleno.
6. Transformar meu casamento só vai me trazer benefícios. Tenho fé que toda energia que coloco nesse relacionamento será positivo para mim, meu marido e nossos filhos. Agora crie ao menos cinco afirmações para você. Baseado no seu aprendizado, qual decisão você toma?

Espero ter contribuído com você, e que nessa jornada, possamos nos encontrar.

Um abraço apertado e até breve!

“

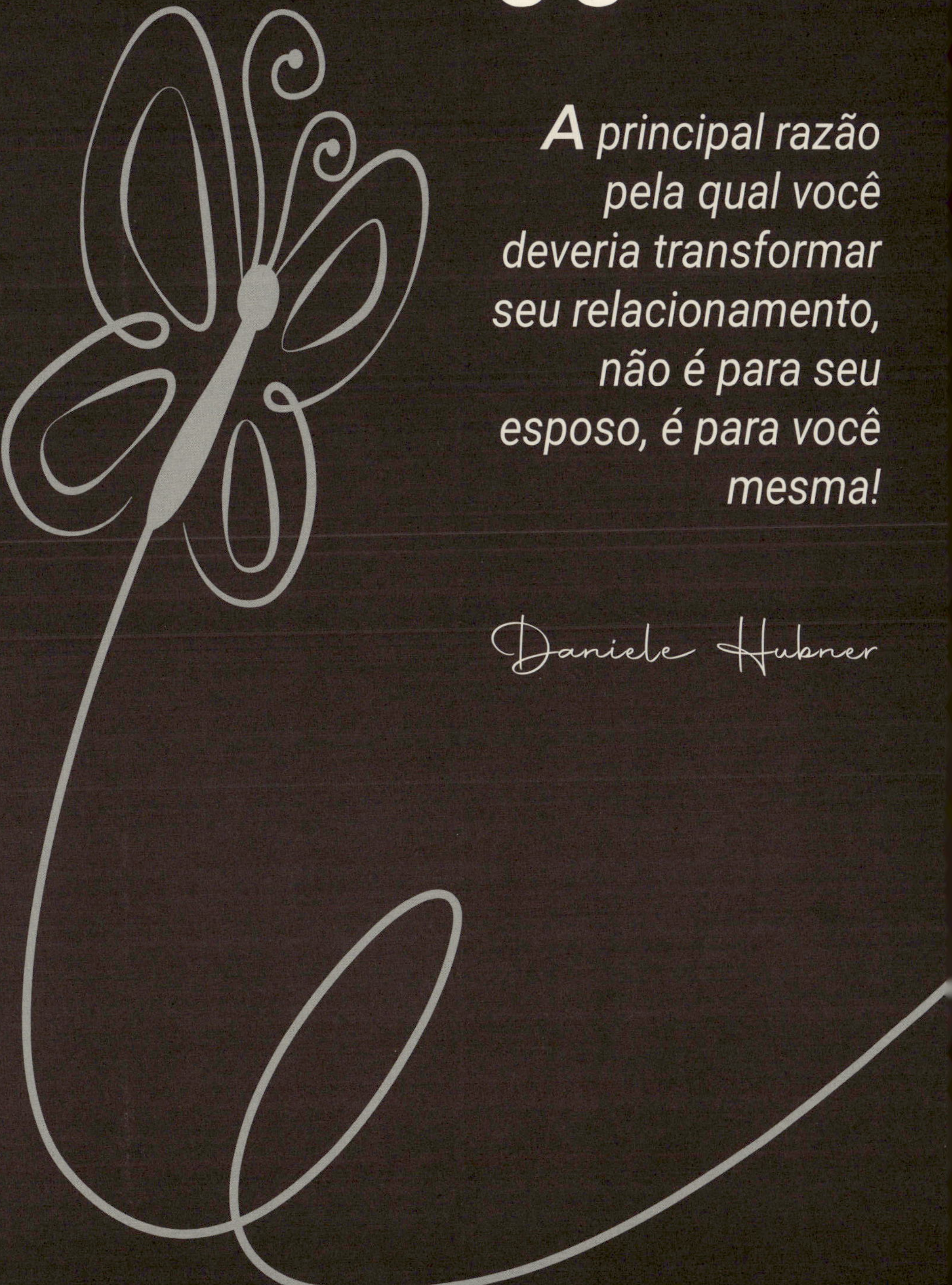

*A principal razão pela qual você deveria transformar seu relacionamento, não é para seu esposo, é para você mesma!*

Daniele Hubner

# Raquel Lúcia (Formentin) Baréa

Filha, Irmã, mãe, avó, semelhança do Criador, única e especial. Bacharela e licenciada em Matemática (Universidade Estadual de Maringá); pós-graduada em Recursos Humanos pela Universidade Estadual do Paraná, Campus de Paranavaí; gestora financeira pela Unicesumar - Maringá (EAD); educadora, há mais de 3 décadas trabalhando com crianças, adolescentes e jovens. Empreendedora e franqueada do Método Kumon Instituto de Educação em Cidade Gaúcha/PR, onde conquistei lugar de destaque no seleto grupo de Orientadores Clube Ouro entre unidades da América do Sul; participação em congressos pelo Brasil, Japão, Colômbia e Canadá. Apaixonada por desenvolvimento humano e estudo sobre desenvolvimento infantil aliado às emoções. Ministrante dos livros: Amar, Educar e Dar Limites e Decifre e Fortaleça Seu Filho dos autores Paulo Vieira, Sara Braga e Vivi Távora. *Master coach* e analista de percepção de perfil comportamental infantil pela Federação Brasileira de *Coaching* Integral Sistêmico.

*raquelbareacoach*

*+55 (44) 99919-9509*

# Filhos mais fortes

# 17

Por Raquel Baréa

## Filhos mais fortes – minha infância

Como você se sente sendo mãe? No fim do dia, você sente que realizou as atividades que gostaria com seu filho? Em momentos de pressão consegue controlar suas emoções? Passei por esses questionamentos, presa a sentimentos vindo da infância que eu nem conseguia explicar. Para você entender melhor vou partir da origem de tudo. Fui a 11ª filha do casal Fiorenço e Merecilda. Tive uma infância normal para os padrões da época, com pais "ausentes" devido ao trabalho árduo. Meu pai geralmente saía as 4h da manhã e voltava no fim do dia esgotado fisicamente e não muito tempo depois ia dormir. Minha mãe sempre atarefada para dar conta dos afazeres domésticos e ganhar algum dinheiro vendendo leite, queijo, entre outras coisas. Assim fui crescendo.

Um fato que me marca até hoje é de não ter registros fotográficos da minha infância. Todos os outros 10 irmãos têm e como a competição e a comparação fez parte de nossa criação, isso me trazia muito desconforto. Estou contando isso para vocês entenderem que mesmo o meu cognitivo (razão) saber que na época não era comum ter fotógrafos visitando os sítios e fazendas, o meu emocional dizia que eu não era boa o suficiente, que não pertencia a família, e que era feia simplesmente por não ter fotografias da minha infância. Percebem que não são os acontecimentos que importam, mas sim a interpretação e o significado que eu enquanto criança dei para aquele momento? Não se trata de intenção e sim de percepção. Essa consciência eu obtive há pouco tempo, quando busquei me informar sobre inteligência emocional e autoconhecimento. Sei que até esse momento de forma inconsciente eu vivi a "rejeição e abandono" e minha vida foi guiada por esses sentimentos. Meus pais foram maravilhosos, dedicados aos filhos. Fizeram o melhor que puderam nas condições que tinham. Respeito, honro e admiro eles por isso. Hoje sei que posso ajudar muitas mães no desenvolvimento de filhos fortes e saudáveis emocionalmente. Me tornei mãe aos 23 anos de uma linda menina chamada Larissa. Desde o dia de seu nascimento o amor que senti era tão grande que achava que não teria como crescer. Mas à medida que os anos se passavam eu amava mais e mais, porém sem a clareza se o meu amor estava sendo interpretado de forma correta. Na verdade, nem pensava a respeito. Assim como meus pais, me preocupava em suprir as necessidades financeiras. Em algum momento da minha vida aprendi que para ser bem-sucedida eu teria que ser forte, e que para isso deveria suportar certos sofrimentos e traumas. Assim segui com a educação da minha filha repetindo padrões. Hoje sou avó de dois lindos netos, e estou aguardando ansiosa a chegada do terceiro. Me sinto responsável por proporcionar mudanças significativas nas emoções tanto da minha filha quanto dos meus netos.

Aprendi que construir memórias positivas é fundamental para uma criança crescer saudável emocionalmente, e que isso deve ter uma atenção especial até os 12 anos, que é a idade que a maioria de nossas crenças são formadas. Mas, o que são crenças? Segundo o PHD Paulo Vieira crenças é tudo aquilo que eu tomo como verdade incontestável, são nossas convicções mais profundas. Resumindo: tudo que eu vi, ouvi e senti se transformam em verdades absolutas e regem nossas vidas e nossas decisões. E tudo começa com as experiências. Mas cuidado. As experiências precisam ser intencionalmente vividas, você mãe precisa ver a vida com a lente de uma criança, precisa desenvolver a habilidade e sensibilidade de observar todos os dias as reações de seu filho. Pensar e agir de forma simples e principalmente, saber colocar os limites não só para segurança de seu filho, mas também para que se sintam amados. Ficar atenta se o seu filho está realmente entendendo o amor demonstrado, isto é, se o significado que ele está dando para as experiências vividas estão de acordo com o que você quer passar é essencial nos dias de hoje.

Existem centenas de casos conhecidos como o meu, de pais que amaram seus filhos, mas não fortaleceram a identidade deles. Talvez você esteja se perguntando. Mas como fazer isso? Então vamos lá. Comece buscando autoconhecimento, pois o tempo que você dedica para ter uma vida equilibrada, saudável e feliz será imprescindível para que seu filho se torne forte e realizado. A regra é clara: ninguém dá o que não tem. Se você não se amar, não conseguirá fazer com que seu filho se sinta amado. Respeito por si mesma e pelo próximo é fundamental. Uma outra forma é viver com congruência. A conhecida frase "faça o que eu falo e não o que eu faço" é a pior de todas que já ouvi. Não funciona. Você precisa ter congruência entre o que você faz e o que você fala. Por exemplo: não adianta nada você falar para seu filho para ele estudar, que estudar é importante, que é através do estudo que se conquista um emprego melhor, uma vida de realizações se você mãe nunca pegou em um livro pra ler, nunca fez um curso para aprimorar seus conhecimentos. A palavra ensina, mas é o comportamento, o exemplo que arrasta e transforma. É de suma importância também saber que ao se tornar mãe você é responsável por essa criança, que existe alguém que depende de você para se tornar um cidadão do bem, para ser feliz. É no meio familiar onde a criança vive suas maiores e mais importantes experiências, tanto de felicidade quanto de dor.

É na infância que seu filho determina quem ele é, o que ele é capaz de fazer e o que ele é merecedor de ter no futuro. Ao elogiar seu filho procure fazer sempre pelo que ele é e não pelo que ele faz ou conquista. Por exemplo, ao receber uma nota boa da escola procure elogiar seu filho por ele ser dedicado, inteligente, esforçado e que por consequência atingiu o resultado esperado. Dessa forma você estará fortalecendo a identidade de seu filho, estará blindando e protegendo essa criança do bullying, de pessoas não confiáveis e de possíveis envolvimento com as drogas, já que uma criança que sabe quem ela é, sabe seu verdadeiro valor, não irá permitir que algo impeça de ser feliz e de conquistar o extraordinário. É preciso que você mãe entenda que faz parte da maternidade falhar, se frustrar. Seu filho não precisa de uma mãe perfeita. Ele precisa de uma mãe real, que cuida, acolhe e ama. Agora que você já tem ideia de que direção tomar vou dar algumas dicas de como colocar em prática isso:

**Primeiro:** olhe nos olhos de seu filho. Sempre que possível, pare tudo e simplesmente olhe para ele sem falar nada, só para que ele sinta o quanto ele é valioso e amado. Também converse com ele com essa mesma atitude de olho no olho para gerar momentos de conexão, de importância e de merecimento.

**Segundo:** fortaleça diariamente a identidade de seu filho. Peça para ele repetir a frase "Eu sou ..." completando com características que você considere importantes, da seguinte forma: eu sou inteligente, eu sou especial, eu sou lindo, eu sou abençoado, e assim por diante. Faça isso na frente do espelho utilizando 10 frases, você fala a frase e seu filho repete. Se preferir você pode escrever essas frases semanalmente e lê-las diariamente. E o mais importante, sempre que seu filho cometer um deslize, algum comportamento que você não concorde peça pra ele repetir em voz alta algumas dessas frases, e pergunte se tal atitude ou comportamento "combina" com a pessoa que ele é.

**Terceiro:** utilize abraços, beijos e muito carinho a todo instante e a toda hora.

**Quarto:** esteja por inteiro com seu filho. Sem televisão, telefones ou tablets, pelo menos 30 minutos diariamente. Não é a quantidade de tempo que é importante e sim a qualidade desse tempo.

Com essas atitudes simples você vai mudar consideravelmente o futuro de seu filho. Você vai cumprir a missão de ser mãe e de direcionar seu filho para que ele seja forte sabendo exatamente porque ele nasceu, quem ele é e o que ele é capaz de fazer e ter.

Não tive essa sabedoria com a minha filha, e carreguei essa culpa por muito tempo, não mais. Transformei a minha dor em entusiasmo e dedicação. E se tudo isso ainda for desafiador, lembre-se: na dúvida, ame. Se não for por você, faça pelos seus. Seu filho merece sua dedicação, seu amor e sua atenção.

Um beijo no seu coração.

*Comece buscando autoconhecimento, pois o tempo que você dedica para ter uma vida equilibrada, saudável e feliz será imprescindível para que seu filho se torne forte e realizado.*

Raquel Baréa

# Jemima Santana

Formada em Gestão Pública, *master coach* Integral Sistêmico pela Febracis, psicanalista em formação, analista de perfil comportamental – Cis Assessment. Foi presidente nacional do PSC Mulher. Esposa de Heber Santana, mãe das princesas Elisa e Isabelly. Filha do Deus vivo, apaixonada pela vida e por pessoas. Criadora do Método Impactadas para Impactar – Treinamento de Inteligência Emocional para mulheres. Coautora do Método 3P´s – Treinamento de Inteligência Emocional e Financeira. *Master* especialista do Programa Mulheres em Performance e Mentora de Mulheres e coautora do livro O Legado. Coautora do Método Mulheres Exclusive - Desenvolvimento de Mulheres no Corpo, Alma e Espírito. Coach EVO. Minha missão é ajudar você a descobrir a sua melhor versão e ser protagonista da sua própria história. Conduzindo você a desfrutar de um novo estilo de vida abundante em todas os pilares da sua vida.

Realize e seja tudo o que Deus te fez para ser!


*jemimasantanaoficial*

*jemimasantanacoach@gmail.com*

*+55 (71) 98155-0802*

*+55 (71) 99952-0120*

# **O papel da** mulher na sociedade

18

*Por Jemima Santana*

Ser mulher é se sentir agraciada por Deus pelo privilégio de poder gerar vida, por ser aquela que foi projetada da melhor forma para ocupar um espaço que estava vazio, incompleto e sem "cor" na obra do criador. Acredito que ele percebeu que apesar da sua perfeita criação, faltava alguém que pudesse ser uma extensão de amor, cuidado, visão e equilíbrio para o homem. Alguém para propiciar o "poder da multiplicação", então Deus criou a mulher, a única geradora de vida. Nós mulheres existimos com o objetivo de complementar, dar sentido aquilo que falta e para sermos o ponto de equilíbrio em tudo que nós estivermos envolvidas, justamente por sermos agraciadas com sensibilidade, garra, coragem e força que temos para buscar e lutar por aquilo que acreditamos. Acreditar em algo é o que nos faz sair da zona de conforto e partir para ação, sempre em busca do melhor caminho. E o que isso tem a ver com o papel da mulher na sociedade? Tudo!

Somos a maioria da população e continuamos tendo o mesmo propósito para o qual fomos criadas, de complementar o que já estava bom. Afinal, nada é tão bom que não possa vir a ser ainda melhor. Quando penso sobre o papel da mulher na sociedade, eu começo a refletir sobre o seu valor a partir da sua essência, como uma peça fundamental que gera transformações, encantamento e reflete seu brilho único, sem que para isso precise ofuscar outros brilhos. A mulher tem um papel nobre e intransferível na sociedade, que sendo desenvolvido de forma autorresponsável e com sabedoria, sempre irá gerar níveis altos de transformação, seja por suas características naturais ou por suas diferenças.

Amiga, sei o quanto é um grande desafio ter que enfrentar algumas coisas pertinentes a nós mulheres, e renunciar tantas outras. Observo que por conta disso, pensamos na maioria das vezes que viver no nosso "mundinho" sem nos envolver com o outro já é mais que suficiente, mas agindo dessa forma deixamos de contribuir e de exercer a nossa capacidade de influenciar.

Ao longo da nossa história de superações e conquistas pelas lutas dos direitos das mulheres, percebemos o avanço e a importância que temos de exercer o nosso papel, porém é importante destacar que não é de qualquer jeito que iremos desenvolver o poder de influenciar de forma assertiva. Precisamos entender verdadeiramente qual é o nosso papel na sociedade enquanto ser mulher para além do que o movimento "feminista" diz sobre nós, até porque, no meu ponto de vista, as regras que são impostas na sociedade através desse movimento, não condizem com o que a palavra "feminismo" na sua essência quer dizer. Entendo que tanto a distorção da essência da palavra quanto o que tem sido propagado por esse movimento tem refletido de forma significativa no avanço do verdadeiro papel da mulher na sociedade que cada vez mais tem deixado uma lacuna enorme principalmente nos diversos espaços de poder que serve como balizador da tão sonhada transformação através da nossa influência nas diversas instâncias da nossa sociedade. Três pontos que precisamos entender sobre o nosso papel enquanto ser mulher na sociedade:

1 – Que a mulher precisa se orgulhar pelo simples fato de ser mulher. Que somos seres únicos e diferentes e que possuímos habilidades que são de suma importância para as transformações que a sociedade tanto precisa. Somos mulheres capazes de mudar uma realidade adversa para uma

situação mais confortável ou menos prejudicial, pela visão sensível, cautelosa e humana que temos diante dos desafios. Temos que nos orgulhar da nossa força e capacidade, sabendo que é justamente através das nossas diferenças, que iremos complementar a falta para o ponto de equilíbrio na sociedade e compreender que fomos criadas para sermos auxiliadoras idôneas e não para a disputa de quem é melhor: as mulheres ou os homens. Ser única é a grande certeza de que Deus nos criou na intenção de sermos o complemento perfeito do quebra cabeça que falta na sociedade.

2 – Que o poder de influência que a mulher exerce enquanto mãe na vida dos seus filhos irá refletir diretamente na sociedade de forma negativa, ou positiva, através desse sujeito. Trarei um exemplo para que possamos refletir: quando uma mãe não educa o seu filho mostrando o valor da mulher através do seu amor próprio e respeito mútuo, existe uma grande possibilidade desse filho não enxergar a mulher como um ser que merece respeito e valorização. Esse olhar é de suma importância para diminuir o alto índice de violência contra a mulher.

3 – Que a mulher enquanto agente de transformação na sociedade, precisa ocupar os espaços de poder nas diversas esferas de tomada de decisões. Amiga, você já ouviu falar que "lugar de mulher é onde ela quiser"? Pois bem, com essa frase eu entendo que podemos ocupar todos os espaços que desejarmos, estando eles atrelados aos nossos valores e princípios e desde que esse lugar cumpra o propósito original da nossa existência de complementar com o equilíbrio o que falta, e não vivendo em "guerra de sexos", querendo ocupar espaços com a motivação equivocada nem com o discurso de que sempre precisamos "derrubar" alguém para ocupar um lugar de destaque.

Acredito na força da mulher para enfrentar e vencer qualquer desafio, principalmente quando isso acontece de forma equilibrada e bem posicionada. Uma mulher convicta de si, consciente do seu real valor e da sua missão aqui na terra como mãe, esposa, empreendedora, dona de casa, política ou no espaço que ela decidir ocupar, é capaz de transformar uma sociedade. E isso começa a partir do seu reconhecimento de quem você é.

Irei compartilhar com você uma experiência que tenho vivido nos últimos 2 anos. Durante esse tempo tenho me dedicado muito na captação e treinamento de mulheres para serem despertadas a se posicionarem como agentes de transformações para uma sociedade mais justa e equilibrada, através da atuação da gestão pública. Tenho percebido nessa caminhada muitas mulheres que por não terem o seu valor reconhecido, estão se colocando em uma posição de vítimas, se "vitimando" por causa da falta de reconhecimento e de espaço que às vezes tem faltado na sociedade para nós. É nesse instante que percebo a importância que há para a mulher descobrir quem ela realmente é na sua essência, pois só assim iremos vencer os nossos maiores desafios e conquistar os melhores espaços.

Precisamos influenciar de forma virtuosa para que possamos ser o ponto de equilíbrio que causa o impacto significativo que a sociedade tanto precisa.

*"Mulher virtuosa quem a achará? O seu valor muito excede o de rubis."* **Provérbios 31:10.** Amiga, só descobrindo o seu valor a partir do reconhecimento de quem você é, iremos desfrutar de uma sociedade transformada através da influência da mulher. Agora te convido a fazer um exercício que irá potencializar quem você é, e/ou quem deseja se tornar.

**Preparada, amiga?**

Leia o capítulo 1 e 2 do livro de Efésios da Bíblia Sagrada e identifique neles quem o próprio Deus diz que você é de acordo com suas escrituras. Escreva em um caderno e leia essas anotações diariamente. Lembre-se que para toda mudança acontecer em nós ou através de nós, precisamos ter clareza sobre quem somos em nossa essência. Só através dessa consciência, seremos mulheres preparadas para impactar a sociedade e desenvolver o seu papel.

Finalizo esse capítulo dizendo que a sociedade precisa da sua essência e do bem que pode causar. Eu declaro que a sua semente lançada, será o ponto de partida para vivenciarmos o milagre que o mundo precisa através da ação da mulher.

"

*Uma mulher convicta de si, consciente do seu real valor e da sua missão aqui na terra como mãe, esposa, empreendedora, dona de casa, política ou no espaço que ela decidir ocupar, é capaz de transformar uma sociedade.*

Jemima Santana

# Simone Menezes

Empresária, graduada em Ciências Contábeis, MBA em Gestão Empresarial e em Gestão de Pessoas, com Formação em *Coaching* Integral Sistêmico e Analista de Perfil Comportamental, pela FEBRACIS, Grade Golden Belt e farmacêutica (em formação).


simonemsa_
pharmapele.saoluis
s.menezessa@gmail.com
+55 (98) 98170-3623
Simonemenezes

# Cuidados com a saúde física e mental 19

Por Simone Menezes

Quando fui convidada para escrever esse capítulo do livro fiquei lisonjeada e ao mesmo tempo surpresa, pois não tinha a consciência de que eu passava para as pessoas esse controle físico e mental e o quanto eu inspirava tantas outras mulheres através do meu exemplo, da minha rotina. Esse foi um assunto muito tranquilo e gostoso de escrever, já que vivo isso na prática e sei como a saúde mental e física estão totalmente interligadas. Sempre pratiquei atividade física, desde adolescente, e faço isso com o maior prazer. Já faz parte da minha rotina, inclusive, sempre falei brincando que é a minha terapia diária, e isso é realidade, sinto que sempre me fez muito bem mentalmente e emocionalmente antes mesmo de ter lido e estudado sobre isso.

A atividade física libera as toxinas do corpo através do suor, inunda o nosso cérebro com as substâncias do prazer como a serotonina, dopamina, adrenalina e endorfinas; promove a oxigenação cerebral, melhora o raciocínio, memória e capacidade de decisão além de ser comprovadamente um potente antidepressivo. Portanto, a atividade física tem que fazer parte do seu estilo de vida. Muita gente me pergunta como eu consigo fazer tanta coisa no meu dia, assumir tantas funções, onde arrumo tanta energia. A resposta é motivação e disciplina. Você tem que ter os dois para realizar o que você quer. Além de parar de procrastinar. Não existe nada mais gratificante para uma mãe do que ver que seus filhos estão seguindo seus exemplos para uma vida saudável. Várias vezes, quando estou viajando, recebo fotos dos meus filhos praticando atividade física. Eles me pedem para levá-los ao nutricionista, no nutrólogo, já procuram ter uma alimentação mais saudável, pois já vivem isso dentro de casa desde pequenos.

O pilar saúde (e aqui eu me refiro aos 4 níveis dela: física, mental, emocional e espiritual) é o primeiro passo para uma transformação em

toda a vida. Você só consegue ter sucesso nos outros pilares se estiver bem consigo mesma. Uma mudança no pilar saúde vai interferir em todos os pilares da vida de uma mulher e, inconscientemente, ela não irá mais querer viver na mediocridade. Tudo na nossa vida é uma questão de decisão!

Quem me vê hoje não imagina o quanto já fui uma pessoa estressada devido ao meu perfeccionismo e autocobrança. Sempre exigi muito de mim, sofria de insônia, tinha crises de falta de ar, até que um dia eu pensei: como eu, uma pessoa estudiosa e inteligente poderia deixar que essa situação me dominasse? E resolvi mudar! Aos poucos fui conseguindo controlar meus pensamentos, meu stress e hoje, apesar de ser extremamente acelerada, responsável e exigente, não sou uma pessoa estressada e há muito tempo não tenho insônia. A Inteligência Emocional (IE) é realmente um divisor de águas nas nossas vidas, você consegue lidar com seus pensamentos, dificuldades, controlar a sua mente e ver que o problema não é a circunstância em que você se encontra envolvida, mas como você lida com ela. Com IE você consegue controlar a sua vida e não ser controlada por ela, nem por suas emoções. E o melhor, é que esta é uma habilidade que pode ser treinada para ser desenvolvida. Daniel Goleman diz: *"Se suas habilidades emocionais não estão disponíveis, se você não tem autoconsciência, se não consegue gerenciar suas emoções angustiantes, se não consegue ter empatia e ter relacionamentos eficazes, não importa o quão inteligente você seja, você não vai muito longe." "Ao menos 80% do sucesso na idade adulta vem da inteligência emocional".* A saúde não é somente a ausência de afecções e enfermidades. Segundo a OMS, a saúde é definida como um estado de completo bem-estar físico, mental e social. Isso quer dizer que não basta você ter um corpo físico em ótimas condições, você tem que estar emocionalmente equilibrado, satisfeito e completo, precisa ainda estar completamente inserido, relacionando-se com as pessoas de forma saudável, fazendo o que gosta, com quem gosta, fazendo o que lhe dá prazer e alegria de viver. Difícil? Sim! Ter tudo isso junto é desafiador, mas não é impossível.

Uma boa dica é fazer um *checklist* de algumas coisas que podem melhorar sua vida quando pensar em saúde. Por exemplo: ter uma alimentação saudável, praticar atividade física, acordar cedo, dormir cedo, meditar, ficar menos tempo no computador e no celular etc.

Agora eu quero convidar você a fazer a sua lista em ordem do mais simples para o mais desafiador, seja do ponto de vista financeiro ou complexidade. Depois você irá colocar as causas e soluções para cada item da sua lista. Isso já é o primeiro passo para que você tenha consciência do que precisa fazer em prol da sua saúde.

Vou compartilhar 5 estratégias que vão ajudar vocês a ter o melhor controle de suas vidas:

**ESTRATÉGIA 1:** ASSUMA O CONTROLE E RESPONSABILIZE-SE POR SUAS ESCOLHAS.

A vida que você está levando é resultado das suas ações ou suas omissões. Posso até parecer rude ou ruim ao falar isso, mas quando você entende que o resultado da sua vida é fruto das suas ações é maravilhoso porque você vai ver que se não está tendo o resultado que quer em algum aspecto da sua vida vai poder enxergar agora que tem isso nas suas mãos. Basta você mudar as suas ações, suas escolhas e a forma de enxergar a vida.

Então, se você quer alterar seus resultados, altere hoje as suas escolhas sabendo também que o resultado é fruto de um sentimento e este é fruto de um pensamento que você pode controlar. Portanto, se você quer de verdade mudar o seu resultado, altere o seu padrão de pensamento.

**ESTRATÉGIA 2:** COMECE O PROCESSO SE VENDO COMO VENCEDORA.

Toda a nossa realidade é pró criada na nossa mente. A física quântica diz que antes das coisas acontecerem no mundo material já aconteceram dentro da nossa mente. Então, todo e qualquer processo de mudança por qual você vá passar você precisa primeiro se enxergar como vencedora.

**ESTRATÉGIA 3:** ASSUMA UM COMPROMISSO CONSIGO MESMA

O compromisso não pode ser com outra pessoa, ele precisa ser com você. Se você não tiver compromisso consigo mesma é impossível você cumprir com qualquer outro. Não existe sucesso sem compromisso. Se você se propõe a acordar cedo e coloca várias sonecas no seu celular o seu compromisso não está sendo coerente. Mande um comando para o seu cérebro que quem manda em você é VOCÊ!!!

**ESTRATÉGIA 4:** IDENTIFIQUE SUAS CRENÇAS DE MERECIMENTO.

Muitas mulheres não conseguem alcançar aquilo que desejam porque não tem uma crença de merecimento fortalecida. Primeiro precisamos entender que nós somos imagem e semelhança do nosso Deus, que ele nos fez para ter vida e vida em abundância, então tudo aquilo que não é abundante é disfuncional.

Seja grata por tudo, inclusive pelas suas dores porque elas lhe fortalecem. Quando sentimos gratidão vivemos na abundância e não a escassez e quando vivemos na abundância aumentamos as nossas crenças de merecimento. Se você quer trabalhar suas crenças de merecimento, trabalhe a sua gratidão.

**ESTRATÉGIA 5:** TOME A DECISÃO DE AGIR.

10% é o que você leu aqui nesse livro, 90% é o que você vai fazer com o que você leu aqui.

AGORA VAMOS TRANSFORMAR O SEU COMPORTAMENTO?

Temos uma crença de que um processo de mudança comportamental é mais difícil do que a vida que se está levando. Acreditamos que sair da zona de conforto pode ser difícil, mas é plenamente possível.

Responda em seu caderno:

1. Qual comportamento você quer mudar?

2. O que tem te impedido?

3. Quais são os prejuízos que você está tendo com esses comportamentos que não quer mais?

4. Se você não mudar agora como estará sua vida daqui há 1 ano, 2 anos e 5 anos?

5. Sinceramente, o que importa na sua vida hoje?

6. Agora você vai dar um BASTA nesse comportamento que está prejudicando a sua vida e toda vez que esse comportamento vier à tona você dirá: ________________________________________ (frase nova afirmando um novo comportamento/novaconduta).

7. Visualize e treine mentalmente você vivendo essa nova conduta.

"

*A Inteligência Emocional é um divisor de águas nas nossas vidas, você consegue lidar com seus pensamentos, dificuldades, controlar a sua mente e ver que o problema não é a circunstância em que você se encontra envolvida, mas como você lida com ela.*

Simone Menezes

# Thaís Zanin

Filha de Glória e Adrião, esposa de Renan e mãe de Vitório e Lorenzo. Formada em Administração de Empresas pela Universidade Federal de Pernambuco e pela *Saint Mary's Univercity* (Halifax, Canadá). MBA em Finanças e Controladoria pela *Cedepe Business School*. O sangue de empreendedora veio do berço. Desde pequena vi meu pai empreendendo em novos negócios. Trabalhei em uma multinacional na área de bebidas, mas logo saí para trabalhar nos negócios da família. Ao longo da minha trajetória, meu interesse por pessoas cresceu cada vez mais e em busca de entender o comportamento humano e de autoconhecimento, me tornei *master coach* e analista de perfil comportamental pela Febracis.


*tatazanin*

*thais__rodrigues@hotmail.com*

*+55 (81) 99915-5071*

# A mulher empreendedora

# 20

Por Thaís Zanin

## COMO TUDO COMEÇOU

Impossível falar sobre empreendedorismo sem contar para vocês um pouco da minha história. Minha influência em empreender veio do meu pai, Adrião Neto. Ele com certeza é uma grande inspiração quando se trata de coragem para arriscar-se em novas empreitadas. Já minha mãe, filha de funcionário público, avessa ao risco, abdicou da vida profissional para cuidar de mim e do meu irmão. Pelo fato da minha mãe não ter trabalhado durante minha infância, todo o exemplo profissional ficou por conta de seu Adrião. Apesar de nessa época minha mãe não trabalhar, ela sempre foi muito ativa nas decisões profissionais do meu pai. Ele além de mostrar que o trabalho trazia dinheiro para casa, ainda nos mostrava o poder de fazer conexões e como isso poderia nos fazer crescer e trazer soluções para diversos problemas. Sempre fui movida a desafios, a conhecer coisas diferentes. Morei no Canadá, passei 1 ano cursando administração e quando voltei mergulhei em uma grande oportunidade. Participar do rigoroso processo seletivo de estagiários da Coca Cola e ser aprovada foi uma grande vitória para mim! A Coca foi uma escola, me trouxe muito conhecimento e moldou todo o início da minha vida profissional.

Porém meses depois o chamado de viver um projeto grandioso com a minha família falou mais alto. Meu pai recebeu uma proposta de uma grande multinacional na área de laticínios para desenvolver uma marca no estado de Pernambuco. Minha mãe começou a trabalhar oficialmente na empresa da família e a cautela dela com a ousadia do meu pai era a chave do nosso sucesso. Foi a partir dessa experiência que comecei minha vida como empreendedora.

## OS GRANDES APRENDIZADOS

Três grandes negócios me moldaram, são eles: A empresa de representação e distribuição da minha família, a transportadora Azkar Transportes, e as lojas de franquia no ramo de cosméticos e perfumaria. Como diz o mentor Wendell Carvalho, quando queremos conquistar algo que ainda não temos, devemos buscar desenvolver uma "musculatura" técnica e emocional, construir um novo estado mental para daí então esse algo novo ser alcançado.

O primeiro "músculo" que precisei trabalhar foi aprender a lidar com o fracasso. Um negócio que não decolou, dívidas de uma empresa que faliu, um projeto que parecia ser excepcional, mas quando foi colocado em prática não se provou, isso tudo são coisas que podem fazer você desistir de empreender. E como diz um dos meus mentores Pablo Marçal: "quem perde dinheiro não perde nada, quem perde honra perde muito e quem desiste perde tudo".

Ter a mentalidade do fracasso não significa que você deve gostar ou aceitar fracassar, muito menos que você deve se conformar com o fracasso. Mas sim saber que você está pronto para não desistir no primeiro obstáculo. Geraldo Rufino, fundador da JR Diesel, segue esse pensamento à risca. Ele afirma que já quebrou seis vezes e hoje enxerga tudo isso como aprendizado. Já Napoleon Hill, famoso escritor americano, afirma que cada fracasso carrega consigo a semente de um benefício igual ou maior e que o triunfo de cada homem parece ser quase na exata proporção dos obstáculos que ele tem que vencer.

O fracasso te proporciona perseverança, resiliência, e lidar com problemas. Ensina a focar nas soluções e não nas adversidades. Não receberíamos certas lições se não fossem as nossas derrotas.

Outro músculo crucial que você deve exercitar para ser um empreendedor é amar o risco. É claro que você pode escolher empreender em uma zona não arriscada. Porém eu tenho convicção que para um crescimento significativo, para criar algo grandioso, você terá que se encher de coragem, confiança, autocontrole, entusiasmo e arriscar-se.

Se você é empreendedor e não toma riscos provavelmente está numa grande zona de conforto e ainda arrisco a afirmar que seu negócio não está em crescimento. Acredito na premissa que: "Quem não toma riscos não cresce". Empreender é aprender a tomar decisões, muitas vezes arriscadas e a relação de risco e retorno é diretamente proporcional.

Nos parágrafos acima falei em coragem, confiança, autocontrole, entusiasmo e você deve estar se perguntando. Ok, Thaís, mas como faço para desenvolver isso tudo para então estar mais tranquila ao decidir tomar riscos e empreender? Para isso só há um caminho. Caminho esse que não serve apenas para o empreendedorismo, mas sim para vida: o autoconhecimento. O autoconhecimento me permitiu passar por grandes derrotas, grandes decisões e grandes riscos com uma atitude mental positiva. O livro *O Jeito Harvard de Ser Feliz*, de Shawn Achor, relata que uma atitude mental correta tem o poder de influenciar toda uma realidade e aumentar exponencialmente os resultados das nossas ações.

O autoconhecimento fez com que eu descobrisse meu propósito, me deu uma visão e definição dos meus objetivos. O autoconhecimento me fez pensar com exatidão em tudo, principalmente nas minhas fraquezas, no que eu precisava melhorar, onde eu tinha falhado e me fez enxergar com mais humildade para tudo que eu não sabia. Me fez ter humildade de assumir uma postura de aprendiz, o que tem me levado muito mais longe. O autoconhecimento me fez controlar a minha ansiedade para que ela não fosse destrutiva e não me causasse doenças somatizadas. Sem falar que passei a conhecer sobre minhas crenças limitantes e fortalecedoras o que faz toda diferença quando se trata de agir e tomar decisões.

Muitos negócios que você iniciar vai demandar que você esteja mentalmente forte com crenças de identidade e capacidade muito amadurecidas para que você se mantenha na jornada. Muitos empreendedores criam empresas prósperas, mas o que os tiram do jogo é a mente com um pensamento negativo. Sempre falo para pessoas que entram em novos desafios ao empreender, isso trata-se de um JOGO MENTAL e você vai vencer dependendo dos estímulos com os quais você estiver alimentando sua mente.

O último grande aprendizado nessa jornada que vou destacar aqui são as pessoas. Na verdade, deveria ser o ponto crucial. Todavia você deve estar se questionando, porque então eu coloquei por último? A resposta é simples porque eu precisei passar pelos 3 estágios acima para poder entender a importância das pessoas nos negócios. Quando eu falo de pessoas destaco liderança e network. Aprender sobre pessoas, comportamento humano e liderança é essencial para ser um bom líder. Grandes líderes conseguem conduzir seus times a feitos históricos, conseguem fazer com que os liderados "comprem" seus sonhos e lutem por eles. É impagável ter uma equipe que está com você na tempestade ou na bonança e que honra sua liderança.

O fator pessoas no empreendedorismo também é sinônimo de network. O relacionamento com pessoas certas pode te levar mais longe e mais rápido. Já diz o ditado: "Se quer ir rápido, vá sozinho. Se quer ir longe, vá em grupo. " O mentor de alta performance Joel Jota também fala: "Pessoas Precisam de Pessoas".

Afirmo a vocês que foi o *network* que me possibilitou ser coautora desse meu primeiro livro. Não fosse isso, jamais teria realizado a conexão com o dono desta editora que me possibilitou escrever minha primeira obra. Tudo isso que escrevi para vocês faz parte de mais de 12 anos de aprendizado. Tudo foi sentido na pele, experiências que me moldaram e me fizeram chegar até aqui. Busquei muitas respostas, tive medos, dúvidas, inseguranças, chorei quando fracassei, mas tenho orgulho de nunca ter desistido. Para ajudar vocês nesse processo de empreender vou deixar algumas perguntas poderosas de sabedorias para que reflitam sobre seus negócios, suas decisões, seus medos, e suas atitudes mentais diante do desafio que é empreender.

Agora, vamos para a prática. Escreva as respostas para as perguntas abaixo em um caderno especial e medite sobre tudo o que você está escrevendo.

1. O que te impede de arriscar?

2. O que precisa acontecer para você tomar uma decisão?

3. Quando você vai tirar suas ideias do papel e começar a agir?

4. Quais são os seus medos?

5. E se você se livrasse dos impedimentos que te paralisam de buscar seus sonhos como seria sua vida?

6. Como você se colocou neste lugar?

7. O que você tem para aprender sobre esta derrota?

8. Como você se enxerga como empreendedor?

9. O que você precisa aprender para se tornar o empreendedor que sempre sonhou?

10. Como tem sido sua atitude mental perante seus desafios e obstáculos?

“

*O fracasso te proporciona perseverança se você decidir aprender com ele. Também proporciona resiliência e te ajuda a lidar com problemas, independente das proporções.*

Thaís Zanin

# Cila Santos

Portuguesa vivendo em Lisboa, Executive Coach, especialista em Gestão de Pessoas e de Carreiras através de mentorias, CEO da empresa na área da cosmética de unhas @hnhitnails há mais de 13 anos, empresa esta, que já se encontra em 10 países espalhados pelo mundo. Formadora *Master* Internacional na mesma área, palestrante na área do Desenvolvimento Pessoal direcionado para esta área de negócio e Júri Internacional Nailympion. Analista 360, pela FEBRACIS. Mãe de Duda e Santiago, esposa do Bruno. Apaixonada por transformar pessoas em vencedores.


cilasantos

cila_santos3

cilasantos3@gmail.com

(+351) 92725-0911

# Uma profissional de sucesso

# 21

Por Cila Santos

Vou contar aqui um pouquinho da minha história. Uma pessoa de sucesso não é só quem tem muito dinheiro, faz parte de todo um processo, de todo um caminho que é preciso ser desenvolvido e é preciso ter alguns ingredientes que são fundamentais nós termos para que possamos lá chegar. Eu nasci numa família de classe média, estruturada e tenho dois irmãos mais velhos. Minha mãe sempre foi uma pessoa muito doente e por isso, só meu pai trabalhava. Uma família com três filhos, não posso dizer que vivemos na pobreza, mas tínhamos uma vida mediana, que em alguns momentos, passamos por dificuldades. Essa condição criou em mim, uma sede de me desenvolver, de poder crescer e de querer, e esse querer foi desenvolvido na minha infância pela falta de recursos. Meu grande sonho sempre foi ganhar dinheiro para poder dar aos meus pais, para que eles pudessem ter tudo o que quisessem.

Fui crescendo e tendo cada vez mais meu objetivo como foco, aos 18 anos comecei a trabalhar. O meu primeiro trabalho sério, porque eu já havia feito alguns trabalhos como manequim, foi na área de vendas. Comecei como vendedora e assim permaneci no primeiro ano. Porém eu queria mais, esse era meu objetivo, eu queria fazer acontecer. Queria meu dinheiro para comprar minhas roupas e minhas coisas, mas eu sabia que para isso acontecer eu teria que me esforçar bastante e uma das coisas que eu nunca controlei, por exemplo, e vou aproveitar para listar aqui vários fatores que nos leva a ser profissionais de sucesso, no meu ponto de vista.

Uma das coisas que eu nunca quis saber, nunca me disciplinei, foi com horários. O horário de trabalho, por exemplo, era das 9h às 17h, mas eu nunca cumpria, entrava às 8h e saía às 22h. Eu queria fazer acontecer. Nesse ano que estive como vendedora, durante 9 meses consecutivos, ganhei o prêmio de melhor vendedora da empresa. Meu horário não parava por aí, pois chegava em casa, continuava a estudar, treinava em frente ao espelho, para poder melhorar minha performance, para atender melhor meus clientes.

Minha mãe achava que eu estava enlouquecendo, sempre me perguntava o que eu estava fazendo, quando me via treinar em frente ao espelho. Eu queria ser a melhor, era a decisão que eu havia tomado lá atrás: independente da profissão que eu escolhesse, eu seria a melhor. Eu sabia que isso dependeria somente do meu esforço e que para isso, eu teria que estar em constante aprendizagem, sacrificar horas a mais de trabalho, sabia que teria que ser inovadora, empática, teria que ter uma inteligência emocional acima da média, me automotivar e persistir, esses são os pilares que foram fundamentais para me tornar uma profissional de sucesso. Aprendi que o não é apenas o início de tudo, muitas pessoas acham que o não é o final de uma conversa, mas para mim o não é o início de uma solução.

Tudo isso faz com que um profissional tenha mais sucesso ou menos sucesso. Ao final do primeiro ano, fui convidada para ter minha equipe e passar a ser gerente de vendas, na época eu estava com 21 anos. Mais uma vez, eu não me permitia ficar desmotivada. Naquele momento eu deixei de depender de mim mesmo e passei a depender da minha equipe, eu tinha que fazer acontecer.

Um dos pilares que eu acredito mais importante para ser um profissional de sucesso é a liderança. Ser um bom líder, não é ser o chefe, ser um bom líder é aquele que dá o exemplo, é a pessoa que vai a frente, que mostra como se faz, que ensina e que dá a mão quando a equipe está com algum problema, que motiva nos momentos maus e que fica feliz junto com a equipe nas conquistas. Essa liderança deve ser constante. Por isso, deve-se ter formações continuadas, deve-se ter a busca incessante pelo saber, para que se possa ser resiliente, são fatores muito importantes para se trilhar uma carreira de sucesso.

Fiquei como gerente de vendas por 8 anos e havia chegado a hora de abrir a minha própria empresa, que já está no mercado há treze anos. Eu me considero uma profissional de sucesso, minha empresa, dentro do seu nicho, é uma das mais reconhecidas em Portugal, e um pouquinho pela Europa, tenho muito orgulho das minhas conquistas.

**Vou compartilhar com vocês os degraus para se tornar uma profissional de sucesso:**

- **Estabilidade emocional:** é muito importante que você esteja bem fisicamente, espiritualmente e amorosamente. Já ouvi algumas pes soas comentarem que há pessoas que são muito ricas, mas são infelizes em outras áreas. Riqueza para mim não é sucesso profissional, rico é aquele que é feliz em todas essas áreas, elas funcionam como complemento um do outro, quando temos estabilidade emocional, conseguimos levar isso até nossas empresas e até nossos lares. A estabilidade emocional serve como força propulsora e como calmaria, trazendo perseverança, resiliência e empatia.

Quando digo que sempre quis ser a melhor, nunca quis dizer que sou melhor do que ninguém, eu queria ser melhor para mim mesmo. Humildade é sinônimo de inteligência. Ter humildade é saber que sabemos muito, mas temos muito ainda a aprender. Um ótimo exercício é: de onde eu vim, onde estou e para onde quero ir.

- **Inovação:** O que me fez chegar aonde estou? Eu sempre tive ideias fora da caixa, sempre tive ideias que ninguém tinha no mercado e por isso já fui até chamada de doida. Sempre obtive sucesso com essas inovações. Esse é um dos principais fatores para empresários de sucesso: inovar e não ter medo de arriscar. Seja a pessoa que os outros queiram modelar. As pessoas só copiam o que é bom, e enquanto eles copiam, eu já estou pensando no próximo passo.

- **Flexibilidade:** Temos que ser pessoas flexíveis. Um profissional de sucesso, a não ser que tenha nascido em um berço de ouro, terá que, muitas vezes, renunciar a férias longas, mais horas de trabalho, mais horas de estudo. Há uma grande diferença em querer e o fazer acontecer. Querer todo mundo quer, todo mundo quer ser rico, todo mundo quer empreender, enfim todo mundo quer muita coisa. Fazer acontecer é abdicar de algumas coisas, como tempo com a família, alguns finais de semana, mas deixando claro que o tempo que destinamos a essas atividades devem ser de qualidade. Lembram quando eu falei que para ter sucesso, precisamos estar com nossa vida espiritual, emocional e profissional em sintonia? É isso! Se dedicar a cada tempo com total entrega.

- **Coragem:** Não ter medo de dar o próximo passo, para que as coisas possam fluir e crescer. A coragem é um dos grandes pilares dos profissionais de sucesso. Precisa ter coragem para montar equipes, inovar e dizer não. Mais um exercício: conte quantas vezes você consegue dizer não.

- **Empatia:** Perceba que as pessoas mais empáticas e mais assertivas, obtêm mais sucesso.

- **Motivação:** Para mim motivação é vida. Eu tenho que buscar a minha própria motivação, porque se eu sou uma líder, os meus liderados não podem me ver como um problema. Eu tenho que ter essa capacidade, uma inteligência emocional acima da média e essa inteligência emocional tem que ser trabalhada constantemente. Uma pessoa com a inteligência emocional bem resolvida, consegue olhar para o mercado e olhar para a concorrência como ajuda, fazendo com que me motive a ser mais inovadora e mais forte.

- **Proatividade:** Nós temos que ser proativos, devemos estar em constante evolução, em constante inovação, sempre! Portanto, uma mulher de sucesso tem que seguir todos esses pilares, têm que ser uma pessoa diferenciada.

E para concluir, ela tem que ser feliz e essa felicidade tem a ver com as bases que ela tem. Se ela é uma pessoa que tem a autoestima elevada, gostar dela mesma, que tenha uma estabilidade familiar e que sinta o amor que é a energia mais forte e mais importante do universo, ela será uma pessoa de sucesso.

Quando falamos em amor, é o amor em tudo e em todos à nossa volta. Quando usamos essa energia, tudo se transforma à nossa volta.

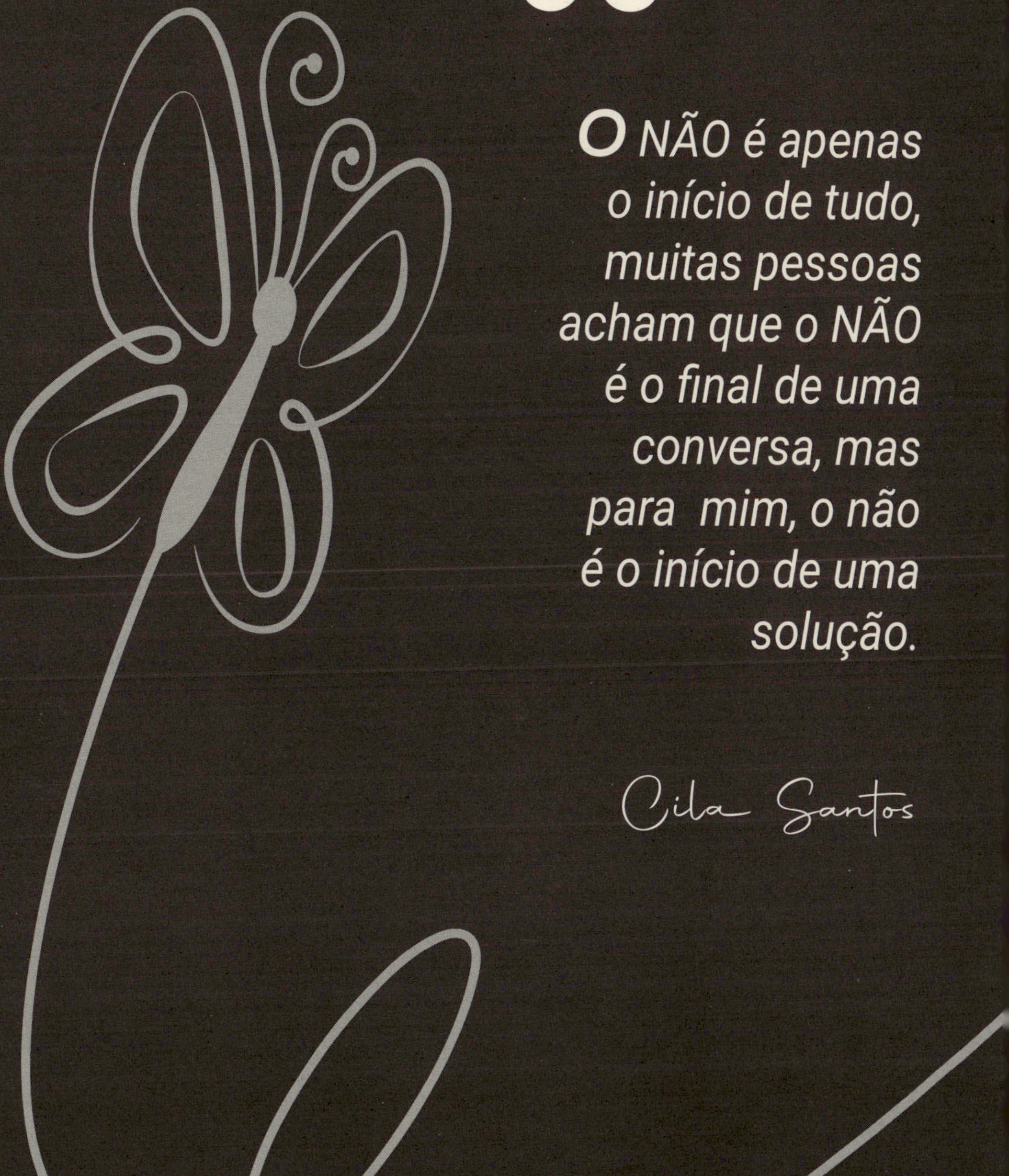

“

**O** NÃO é apenas o início de tudo, muitas pessoas acham que o NÃO é o final de uma conversa, mas para mim, o não é o início de uma solução.

Cila Santos

# Greice Costa

Psicóloga formada pela UFBA, especialista em Terapia Cognitivo Comportamental, *Professional Life Coach* pela SLAC, *master coach* Integral Sistêmico pela Febracis, analista de perfil comportamental DISC e CIS ASSESSMENT. Ministrante licenciada dos cursos Poder da Ação, Poder e Alta Performance e Poder da Autorresponsabilidade. Atua através da psicoterapia clínica auxiliando pessoas com problemas de humor, depressão, relacionamentos, medos e ansiedade, e como treinadora, através de palestras, workshops, processos de *coaching* individual e em grupo, auxiliando pessoas que buscam desenvolvimento pessoal, profissional e alta performance para si e para suas empresas. Idealizadora do programa *Revolucione*, vem impactando a vida de mulheres que buscam uma vida com realização pessoal e profissional de forma equilibrada e do programa *BrilhanteMente* com foco no desenvolvimento da mentalidade para o sucesso financeiro. Tem por missão guiar pessoas em suas jornadas de autoconhecimento e transformação pessoal e, com isso, contribuir com a transformação do mundo em um lugar com mais pessoas realizadas e emocionalmente equilibradas.


*greicecostas*

*greicecosta.escritora@gmail.com*

*+55 (71) 99697-3419*

*www. greicecosta. com*

# **Mentalidade** financeira

# 22

*Por Greice Costa*

A MENTE FINANCEIRA

Chegamos em um momento muito especial do nosso livro. Se você está aproveitando ao máximo esta obra e realizando os exercícios propostos, tenho certeza de que já avançou bastante no seu autoconhecimento e já está pronta para falarmos sobre sua relação com o dinheiro. Vamos dar mais um passo em direção à sua alta performance, afinal, dinheiro é importante e necessário para uma vida abundante e de grandes realizações, concorda?

Para começarmos, quero te propor um exercício de autoanálise. Vou trazer algumas ideias e você deve observar suas emoções em relação a elas. Tente identificar se é uma emoção positiva ou negativa. Pare uns instantes e pense separadamente em: dinheiro - contas para pagar - pessoas ricas - cobrar pelo trabalho - ganhar muito dinheiro rapidamente- gastar - susten-tar- uma casa - comprar - investir - doar.

Este simples exercício de auto-observação já deve ter despertado em você algumas reflexões acerca da relação entre sua vida financeira e suas emoções. Sendo assim, se você tem dívidas ou tem uma vida financeira es-tável; se é financeiramente dependente ou independente; se é extremamente controladora e preocupada com seus gastos ou se não faz ideia do assunto; qualquer que seja sua situação financeira hoje, ela reflete o que chamamos de seu modelo mental de dinheiro.

Isso significa que na sua mente inconsciente existe um conjunto de regras que dita sua relação com o dinheiro e define seus resultados financeiros. Da mesma forma que as demais crenças, essas regras foram estabelecidas, principalmente durante a infância, a partir daquilo que você viu, ouviu e sentiu envolvendo dinheiro e que foram reforçadas ao longo dos anos. É como um manual que te orienta internamente para tomar decisões.

Portanto, se você acredita que ganhar mais dinheiro é a solução dos seus problemas financeiros, preciso te dizer que isso é um equívoco. A solução dos problemas financeiros começa com a mudança na mentalidade. Ter um modelo mental de abundância e prosperidade, é o que vai transformar sua relação com o dinheiro e então, você estará pronta para fazer investimentos, aumentar seu patrimônio e ajudar outras pessoas no caminho.

## FERIDAS EMOCIONAIS

Você se lembra quais as frases que ouvia sobre dinheiro e riqueza quando era criança? O que seus pais e outras pessoas importantes para você pensavam sobre quem tinha muito dinheiro? Como era a realidade financeira da sua família? Se na sua casa existia abundância ou escassez? Se o assunto finanças trazia harmonia e bem-estar, ou se gerava brigas e discórdia?

Quando você responde a essas perguntas, começa a compreender um pouco mais sobre seu atual modelo mental de dinheiro, que são as regras da sua mente para tomar decisões financeiras, quer você esteja consciente delas ou não.

Vou contar aqui algo que aconteceu comigo, para que você compreenda melhor como funciona esse mecanismo. Quando eu era pré-adolescente, viajei com minha irmã numa excursão da escola na qual todas as refeições, hospedagem e custos estavam pagos. Nós levamos pouco dinheiro, apenas para comprar lembrancinhas e lanches. Aconteceu que nós gastamos esse dinheiro e nos últimos dias, ficamos completamente sem e passamos algumas dificuldades pois os horários das refeições nem sempre coincidiam com os nossos horários livres. Nessa época não existia celular, banco digital ou pix, e as crianças estavam longe de possuírem o próprio cartão de débito. Foram dias tensos para nós duas e ainda mais para mim, que me sentia responsável pela minha irmã por ser a mais velha.

Depois dessa viagem, eu comecei a deixar dinheiro escondido (de mim mesma), em locais que eu poderia acessar em caso de necessidade. Eu deixava dinheiro nos bolsos das roupas, em vãos na carteira e na bolsa, no fundo da mochila, enfim, nos lugares mais inusitados, e depois "esquecia" lá. A regra era ter sempre dinheiro extra guardado para me socorrer em caso de necessidade.

Essa regra poderia ter desaparecido com o tempo, se eu nunca tivesse precisado fazer uso dela. Mas não foi o que aconteceu. Poucos anos depois, em outra viagem, fizemos tudo direitinho e, preventivamente, separamos o dinheiro do retorno para não corrermos o risco de gastá-lo.

Entretanto, no dia de voltarmos, um imprevisto impediu o ônibus de passar pela cidade que estávamos e a única solução era pegar um transporte extra até a cidade mais próxima e de lá pegar o ônibus correto.

Novamente estava eu, responsável pela minha irmã, longe dos meus pais e sem o dinheiro necessário para voltarmos para casa. Nesse momento eu lembrei dos dinheiros escondidos e fizemos uma varredura. Procuramos em cada cantinho! Cada bolso! Cada espaço nas carteiras. Felizmente conseguimos juntar o que faltava para pagar as passagens e, como resultado, a crença em minha mente inconsciente se fortaleceu. Sem que eu percebesse, a regra de esconder dinheiro para me salvar de situações de imprevistos, foi confirmada e fortalecida sob forte impacto emocional.

Depois disso eu passei a criar estratégias de segurança e garantias mentais diversas antes de tomar decisões que envolvessem dinheiro. Quem sofre com dívidas, pode estar pensando que ter dinheiro guardado não é problema, é solução. Mas não é assim que a mente funciona. Uma vez criada a regra, ela passa a direcionar TODAS as escolhas. As garantias nunca eram suficientes e eu ia sempre criando novas. Cheguei a ter quatro planos de previdência diferentes, para o caso de um faltar, eu ainda ter os outros. E para manter todas essas garantias, eu vivia na escassez. Vivendo muito aquém das minhas possibilidades, numa vida de restrições auto impostas. Lembra que eu falei que ganhar mais dinheiro não resolve problemas financeiros? Pois bem, quanto mais dinheiro eu ganhava, mais garantias eu fazia e continuava vivendo na escassez.

Claro que a mente é muito mais complexa do que a forma como expus aqui e na formação dessas crenças, entraram outros aspectos relacionados ao que eu vi, ouvi e senti durante a infância e na vida. Ideias que reforçavam a necessidade de buscar segurança e de resolver tudo sozinha faziam parte desse meu modelo mental. Mas essa história fica para um outro livro. O importante é você perceber como as regras se formam e como elas passam a direcionar nossas escolhas de forma inconsciente e assim determinam nossos resultados.

Após passar por um processo de autoconhecimento e reelaborar diversas crenças financeiras limitantes, hoje tenho plena convicção de que no mundo existem infinitas possibilidades de se fazer mais dinheiro. Que tenho capacidade e merecimento para realizar meus sonhos e que quanto mais dinheiro eu tiver, mais pessoas eu poderei ajudar ao meu redor.

Me tornei empresária e constantemente preciso tomar decisões sobre investimentos e estratégias de gestão que jamais aconteceriam antigamente, pois eu as acharia arriscadas demais. Eu aprendi que quem determina meu limite é minha própria mente através dos medos e, agora que os conheço e sei lidar com eles, consigo voar mais alto.

Em determinados momentos ainda percebo a voz das crenças limitantes falando em meus pensamentos, mas sou capaz de questionar a realidade dessas ideias e tomar decisões com base em fatos e não em suposições e receios. O autoconhecimento e a inteligência emocional, são as chaves para compreender e modificar suas atuais crenças e resultados financeiros. Saiba que se o seu modelo atual foi criado a partir das suas vivências do passado, um novo modelo pode surgir a partir de novas experiências e te levar aos resultados financeiros que você deseja. A alta performance vem com retorno financeiro e reprogramar seu modelo mental de dinheiro é fundamental para a realização dos seus maiores sonhos.

EXERCÍCIO PRÁTICO

1. Faça uma lista com pelo menos 20 frases que já ouviu sobre dinheiro, riqueza e pessoas ricas.
2. Das frases escritas, identifique aquelas com sentido negativo e reescreva-as de forma positiva.

*Ex. O dinheiro é a raiz de todo o mal. - negativa*

*O dinheiro é ferramenta para se fazer o bem tanto quanto o mal. Hoje eu ajudo muitas pessoas e com mais dinheiro poderei ajudar ainda mais.*

3. Identifique uma vivência negativa do seu passado (de preferência na infância) que envolveu dinheiro. De que forma sua mente vem te protegendo de passar por isso novamente? Qual a regra?

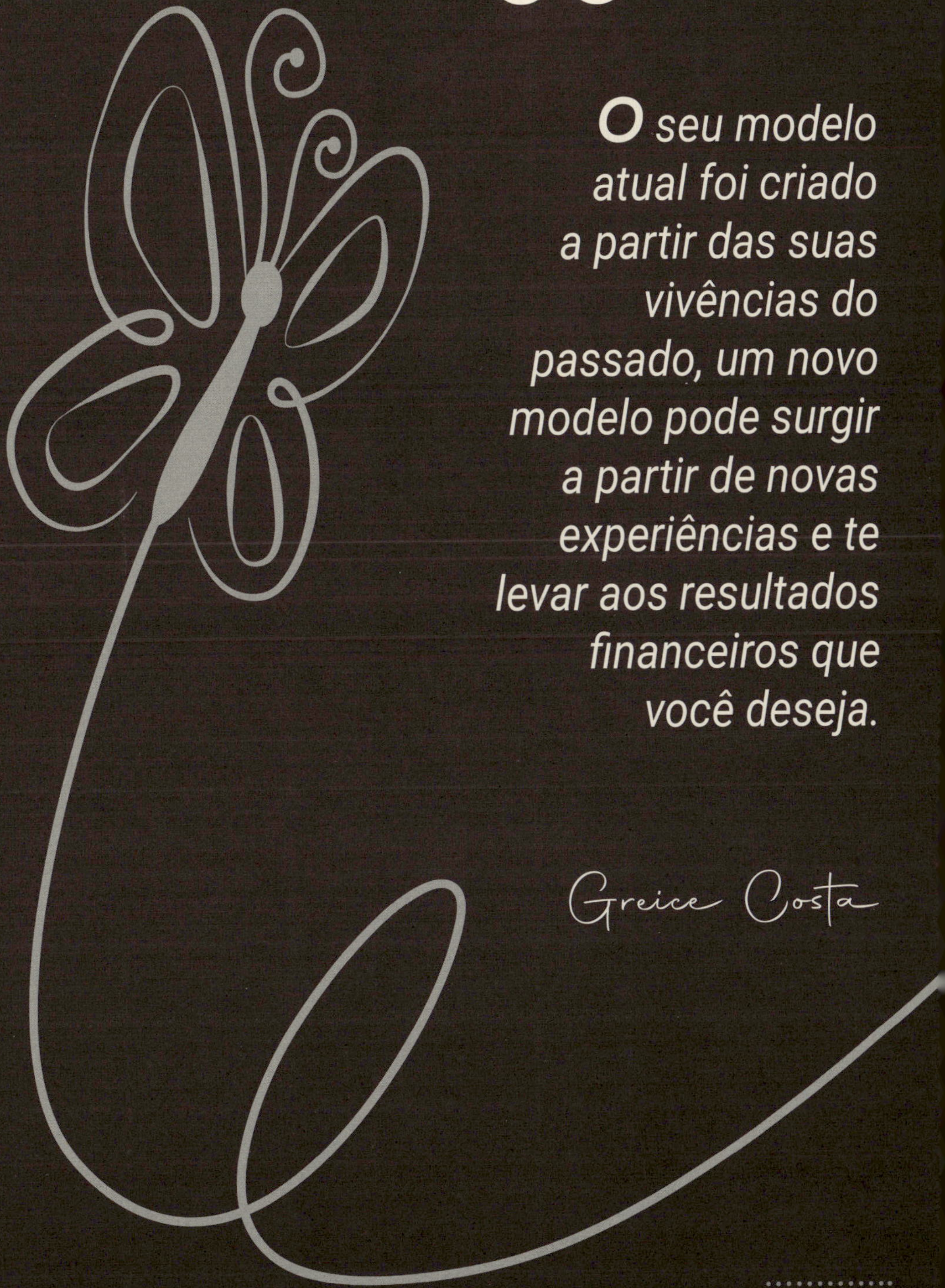

“

**O** *seu modelo atual foi criado a partir das suas vivências do passado, um novo modelo pode surgir a partir de novas experiências e te levar aos resultados financeiros que você deseja.*

Greice Costa

# Ana Paula Pitta

Paula Pitta é empresária, empreendedora, mãe da Pietra Mariah e cristã. É *master coach*, analista e gestora de perfil comportamental formada pela instituição Febracis, além de outras especializações na área de estética e beleza. Ao longo de sua trajetória, carrega a paixão por empreendedorismo e desenvolvimento humano, sendo mentora e treinadora de mulheres que atuam ou desejam ingressar na área de estética, beleza e harmonização facial.

Despertando pessoas a conquistarem a liberdade financeira de forma inteligente, identifica o potencial delas, auxilia na estratégia e as orienta através do conhecimento adquirido por meio de métodos, experiências de vida e, sobretudo, pela capacidade genuína de sentir a real necessidade do outro. Suas conexões sempre aumentam porque age com transparência e paciência com todos que se aproximam.


*paulapittaoficial-*

*anapaulapitta@icloud.com*

*+55 (11) 94706-6203*

# A mulher e sua liberdade financeira

# 23

Por Ana Paula Pitta

A mulher e a sua liberdade financeira

Que bom que você chegou até aqui. Você sabia que todos os assuntos que você leu até agora estão interligados? A Liberdade Financeira é um assunto muito sério, pois através dela várias mulheres têm conseguido ter melhores relacionamentos com sua família e pessoas próximas, trazendo para suas vidas um fortalecimento de relacionamentos, e não um distanciamento como muitos fazem. Ter liberdade financeira é aquele momento da vida em que se pode conquistar um nível de estabilidade e organização podendo se dedicar a fazer as coisas que ama, sem ter que se preocupar em ter um trabalho pelo dinheiro. Liberdade sempre fez parte da minha essência, eu creio que quando você tem recursos passa a ter mais ganchos para outras liberdades. Quando penso nesta liberdade financeira sempre me vem em mente um dos maiores exemplos para mim mulher, que foi o diferencial a ser seguido, a mulher descrita na Bíblia em Provérbios 31 que te convido a ler e depois retornar para te explicar o que ela tem, haver com Liberdade Financeira. A mulher de provérbios não é uma mulher qualquer, era uma excelente empreendedora, ótima gestora financeira.

A boa gestão com que ela trabalhava, está estreitamente ligada à confiança e ao conhecimento que ela tinha, era muito sábia. A mulher virtuosa me ensinou a ser a empreendedora que sou hoje e participar das grandes conquistas da família, sempre com um olhar de ótima empreendedora. O campo que ela avaliou no capítulo lido, ela comprou, e logo foi transformado em outra fonte de renda, ela sabia separar parte de suas economias para investir, ela sabia poupar. Ela não comprava com a emoção, mas sim, com a razão e pensando no bem de toda sua família. Lendo isso me recordo de minha infância, que já despertava em mim ser uma mulher de negócios que queria a liberdade financeira, a minha infância me trouxe muito do que sou hoje, eu sempre procurei empreender e ter uma visão ampla de negócios, me recordo que aos 8 anos, sempre que queria algo que meus pais não poderiam me dar, ficava pensando em o que eu poderia fazer para ter o retorno rentável.

Recordo de sempre ir até a minha vó e fazíamos uma troca, eu a ajudava com os afazeres da casa e ela me pagava. Também tive a ideia de ter um empreendimento, minha empresa de geladinhos, onde fabricava e vendia. Na minha família eu venho de uma linhagem em que as mulheres não empreenderam e nem foram investidoras e eu vim para quebrar este ciclo, para ser a mulher virtuosa da minha casa. Eu tenho dentro de mim um inconformismo muito grande, pois eu sinto que outras pessoas precisam experimentar essa liberdade que eu experimento, por isso eu sempre incentivo as pessoas à minha volta, e estou aqui para te incentivar a experimentar o que hoje tenho com o que minha liberdade financeira me concede. Em primeiro lugar procuro me desafiar, e entender o que está à minha volta, ver o mercado como um todo, para saber onde devo entrar de cabeça, procuro o que me deixa feliz. E se uma coisa eu tenho certeza é, trabalhe com excelência, independente se for trabalhar para você ou para o outro. Diariamente eu busco mais conhecimento, uma dica importante sobre empreender e investir é que muitas vezes você não precisa ser o expert da área, mas saber quem são as pessoas que podem te auxiliar. Ensino outros a fazerem como eu fiz e faço para estar onde estou. Como proprietária do meu negócio, eu sempre me mostrei uma empreendedora, e creio que foi essa minha visão que me colocou no lugar onde estou hoje. Às vezes me pego pensando em como eu comecei a me posicionar e a empreender e me passa todo um filme na cabeça. Você precisa parar e se auto avaliar, olhar para as mulheres de sua família. Você tem feito a diferença para as futuras gerações? A liberdade só chega para aquelas que rompem as prisões e quebram as amarras que as aprisionam. É tempo de parar de deixar nosso dinheiro em custódia alheia, temos toda a força e potencial de tomar as rédeas das nossas vidas financeiras.

Precisamos entender que, como eu aprendi num curso de *Master Class* de Robert Kiyosaki, autor do livro *Pai Rico e Pai Pobre* que "Não trabalhamos por dinheiro, mas ele é quem deve trabalhar para nós. "Eu sei que quando temos algo bom dentro de nós precisamos compartilhar, por isso me levanto para ser um exemplo e ajudar outras mulheres a assim como eu ter uma liberdade financeira em sua vida. Para mim essa liberdade me dá movimento, eu posso estar em qualquer lugar do mundo e mesmo assim gerenciar minhas finanças e negócios. Hoje eu tenho meus empreendimentos, mas a algum tempo tenho me despertado para entender o mundo dos investimentos de outras formas. Nós mulheres a cada dia que passa estamos nos envolvendo mais com o mundo do investimento. Segundo um estudo da revista Vogue de 2021, o número de investidores vem crescendo, os registros na bolsa são de cerca de 3,4 milhões de cadastros, sendo 26% mulheres. Já no Tesouro Direto 32% dos investidores são mulheres, o que mostra uma característica interessante. O que quero trazer para você com estes dados é que precisamos ter cada vez mais conhecimento, como muitas vezes somos mais racionais quando se fala em investir, tendemos ir mais para a segurança, por isso muitas vezes não nos arriscamos, estamos sempre querendo uma estabilidade. Mas isso nos leva a ter uma visão de retornos a longo prazo. Retornos estes que levam as mulheres a buscarem conhecimento antes de entrarem em um negócio ou até mesmo quando vão empreender. Isso me leva a lembrar de um aconselhamento que dei há algum tempo, uma pessoa chegou em mim dizendo que tinha um sonho de vender maquiagem. Esta moça me contou seu sonho e dei este conselho: você não precisa sair do restaurante para empreender, pode fazer os dois ao mesmo tempo. Expliquei para começar com estratégias, o que poderia ser feito de início, começar a trabalhar pela internet, fazendo entregas sem uma loja física, que hoje como sabemos nem é tão necessário, disse para ela começar com o *dropshipping* que consiste em realizar vendas de produtos sem precisar ter um estoque desses produtos. Disse, que quando este empreendimento estiver dando um retorno fixo maior que o salário do restaurante ela poderia sair para se dedicar ao que lhe dava prazer em trabalhar. Entenda que você precisa aprender a designar a sua renda quando está investindo e empreendendo. Quero te explicar em poucas palavras os tipos de renda para que assim você possa entender um pouco mais para ter liberdade financeira:

**Renda principal** – consiste na sua renda principal, aquela usada para custear suas despesas básicas (demanda esforço). Seja seu salário, prólabore e etc.

**Renda Extra** – Uma renda obtida através de um trabalho paralelo a sua renda principal (demanda esforço). No meu caso faço trabalho de mentorias, palestras, e empreendo no marketing digital.

**Renda Passiva** – Aquela que trabalha pra você enquanto você dorme (não demanda esforço). Ex Aluguéis, Direitos Autorais. Juros e dividendos provenientes de investimentos.

*"Posso ter negócios que não exigem minha presença. Sou o dono deles, mas eles são administrados por outras pessoas. Se eu tiver de trabalhar neles não é um negócio. Torna-se uma profissão. "* Robert Kiyosaki

Agora que você leu sobre Liberdade Financeira, sabe que é improvável alcançar algo que você não consegue mensurar, com isso é fundamental que você entenda onde você está (financeiramente falando) e onde você quer chegar (quanto custa sua liberdade financeira), então vamos colocar em prática. Aponte seu celular para o QR CODE, deixarei para você uma planilha de controle Financeiro e uma atividade.

"

***A** liberdade só chega para aquelas que rompem as prisões e quebram as amarras que as aprisionam.*

Ana Paula Pitta

# Joelma Borges

Joelma Borges, filha de Deus, uma mulher determinada, resiliente, confiante e corajosa.

Esposa, mãe de duas mulheres valiosas: Camilly e Marianne, meus presentes especiais de Deus.

Formada em psicologia clínica, terapeuta de casal e de família na abordagem sistêmica, *master coach* integral sistêmica pela FEBRACIS. Analista de perfil comportamental pelo Instituto IBC Escola de *Coaching*, consultora empresarial, mentora de mulheres, palestrantes e criadora do programa: *Mulher Confiante*, com foco para o resgate e restauração da identidade feminina, a auto estima e a auto confiança.

Minha missão é te ajudar a resgatar a mulher confiante que há dentro de você.


*psicologajoelmaborges*

*psicologajoelmaborges@outlook.com*

*+55 (71) 98205-5915*

# Vencendo os medos

# 24

Joelma Borges

"O que o seu medo pode fazer por você, Ana?" Foi o que eu perguntei para Ana, (um nome fictício para preservar a identidade da minha paciente), em uma das nossas sessões. Ela estava sentada no sofá, contorcendo o rosto e desviando o olhar do meu.

Estávamos na nossa terceira sessão quando finalmente ela se deu conta de que suas historinhas, na verdade, eram a forma que seu cérebro tinha criado para boicotar os seus sonhos.

Ana, era uma mulher de meia idade, preta e soteropolitana. Seu maior sonho, era ser uma palestrante de sucesso, ministrando diversos workshops para muitas pessoas. Porém, desde a infância, sempre teve uma vida muito difícil, já que o racismo sempre esteve muito presente em sua vida, principalmente o estrutural: sua prima a chamava de cabelo de bombril. E mesmo já tendo passado muitos anos desde o acontecido, Ana ainda se sentia inferiorizada, o que a levava a sempre contar historinhas para si mesma e para os outros. "Não vou aceitar essa palestra porque está muito em cima da hora!", "Eu falei que não vou poder ministrar a palavra nesse culto na igreja porque vou ter uma apresentação do meu sobrinho bem nesse dia." Durante nossa terceira sessão, entretanto, Ana finalmente se dá conta de suas desculpas. Nesse instante repito para ela: "Ana, com verdade e com coragem, o que seus medos têm feito com você?" Ela respira fundo e começa a chorar."Tem destruído meus sonhos".

**Então, o que é o medo afinal?**

De acordo com a psicologia, o medo é um estado emocional, necessário para adaptação ao meio. Apesar disso, a bíblia aborda este tema de uma outra forma. Em Mateus 17: 7, diz o seguinte: "Aproximando-se deles, tocou-lhes Jesus, dizendo: "erguei-vos e não temais". Portanto, diante da perspectiva bíblica, Deus vem nos falar uma maneira diferente do que Freud prega. (Antes que crie controvérsias sobre esse ponto, deixo claro que não estou discordando ou criando contra-argumentos a teoria da psicologia de Freud. Pelo contrário! Afinal, sou psicóloga e amo minha profissão, portanto estou apenas apresentando uma visão bíblica a respeito desse tema MEDO. )

**O medo nunca foi plano de Deus para o ser humano!**

E como saber que o medo não faz parte do plano de Deus para nós? Bom, é simples! Na bíblia, a frase "Não temas" aparece pelo menos 366 vezes. Estudos de neurociência já comprovam a eficácia do aprendizado por repetição, e O Senhor em Sua onisciência, tem conhecimento de todas as coisas, portanto Ele quer nos ensinar algo ao repetir tantas vezes o "Não temas" em Sua sagrada palavra. Ele quer nos ensinar a termos coragem e enfrentarmos nossos desafios com confiança. E quando eu digo coragem, não estou falando que você não terá mais medo!

**E o que é coragem?**

Nelson Mandela disse em seu livro "Long Walk to Feedom", do ano de 1995, o seguinte: "Aprendi que a coragem não é a ausência do medo, mas o triunfo sobre ele". Desta maneira, entenda que se você protelar seus sonhos para quando você não tiver mais medo, você nunca sairá do lugar. Coragem é prosseguir e agir mesmo com o medo sem deixar que ele te paralise.

A autora renomada, Joyce Meyer também diz algo interessante em seu livro "A mulher confiante", sobre o medo. Ela diz que o medo é o principal espírito que o diabo usa contra as pessoas! Não é forte ler isso? O medo nada mais é do que um espírito que foi programado para te paralisar, para te fazer desistir de tudo que O Senhor te fez para viver. Lembre-se sempre do que O Senhor disse para Josué em Josué 1:9: "Não fui eu que te ordenei? Sedes forte e corajoso, não se apavore nem desanime, pois, o senhor, o seu Deus, estará com você por onde andar". Então não desanime frente ao medo, nem dê poder para ele sobre você, pois o seu Deus, já disse que você é forte, corajosa e capaz de fazer qualquer coisa Nele que te fortalece.

## Fisiologia do Medo

É necessário entender que o medo tem uma fisiologia, sendo assim, ele reflete no nosso corpo. O bebê por exemplo, já nasce com o hormônio da adrenalina. Já nascemos com o mecanismo de proteção que faz

com que quando estamos diante de perigos o nosso cérebro aciona para que lutemos ou fujamos. De certa forma, quando o bebê se assusta com algo e começa a gritar ou a mexer, é a forma que o cérebro dele tem de "escapar" da situação. Esta é uma ação involuntária, e cada um tem a sua válvula de escape.

## Medo VS Prudência

Todas as vezes que você sente medo, três áreas específicas do cérebro são ativadas: o córtex cingulado anterior dorsal, o córtex pré-frontal e a ínsula. Elas formam a nossa visão sobre certas situações resultando no medo ou na prudência. Muitas pessoas têm o costume de dividir o medo em duas partes: O medo bom VS medo ruim. O medo bom é aquele que faz você evitar algo como por exemplo se jogar de uma grande altura, ou se jogar em alto mar sem saber nadar. Já o medo ruim é aquele que nos paralisa e nos impede de agir. O medo pode ser um "fantasma "que vem estragando sua vida! É ele que te faz ficar presa em relacionamentos abusivos, e ter uma vida medíocre, por exemplo.

Mas amiga, deixa eu te contar uma coisa: O MEDO NÃO TEM PODER SOBRE VOCÊ! Você é a comandante. A PROTAGONISTA. Eu lembro de uma situação, quando Camilly e Mary (minhas filhas) tinham respectivamente, 6 e 7 anos, aproximadamente. Nós tínhamos marcado uma viagem imperdível para Bariloche, na Argentina. Entretanto, meu marido viajou um pouco antes a trabalho para São Paulo, o acerto era ele voltar para Salvador e nós irmos juntos para a Argentina. No meu coração, porém, tinha uma vontade muito grande de passear por São Paulo enquanto ele estivesse lá. De última hora eu resolvi ir. Meu coração começou a bater mais forte, mas eu respondi "tudo bem". Nunca tinha viajado sozinha com minhas filhas! Eu tinha muito medo de viajar de avião no passado! Hoje esse medo não tem mais poder sobre mim!

Pegamos um voo turbulento às 3h da manhã e eu particularmente, prefiro viajar durante o dia. O avião não parava de sacudir, e bem em nossa frente, passava um filme horrível sobre abelhas e um avião que estava caindo. Dá para acreditar? Por muito tempo eu me questionei sobre como deixaram colocar um filme daqueles em um voo turbulento e a noite! O que importa é que chegamos bem. Fico pensando se eu tivesse ficado sentada em Salvador, pensando em como poderia estar passeando com minhas filhas, dando atenção a elas e mostrando como lidar em situações de estresse na vida! Eu não estaria relembrando de tudo que passei, rindo, enquanto tomo uma água de coco e escrevo este capítulo sobre esse tema. Talvez eu nem estaria escrevendo esse livro para você que está lendo!

**Medo bom e Prudência.**

Quero esclarecer que é um engano alguém bater no peito e dizer, "Eu não sou medrosa, eu só sou uma pessoa prudente. É diferente!". E realmente é. Uma pessoa prudente não necessariamente é medrosa e um medroso não é prudente.A tal "prudência" que elas dizem ser, nada mais é que uma desculpa para permanecer no mesmo lugar. Uma historinha pra não crescer e não ser incomodada.

Agora entenda a imensa diferença entre prudência e medo.

| PRUDÊNCIA | MEDO |
|---|---|
| Ação comedida | Sentimento de inquietação diante de um perigo real ou imaginário. |

Ou seja, o medroso diz: "Não vou empreender porque o Fulano me disse que perdeu tudo investindo". O prudente diz: "Vou empreender em meus sonhos. Estou analisando o mercado para não cometer nenhuma loucura."

### Conclusão

Hoje é a nossa décima e última sessão. Ana, minha paciente, (a do início do capítulo, lembra?), usa um blazer cor-de-rosa e uma calça pantalona, combinando com um lindo salto. O cabelo foi escovado e a postura dela é de uma mulher empoderada. Eu quase não a reconheço. Ela não senta mais com postura de vítima e sim de uma vencedora, em nossa última sessão. Olha dentro dos meus olhos e finalmente diz: "Eu sou uma mulher confiante. Eu sou vencedora! Eu sou uma palestrante e é isso que vou fazer a partir de hoje: vou aceitar todos os convites e vou palestrar. Não vou perder nenhuma oportunidade de fazer o que amo, por medo.Vou enfrentar meus medos. "

E você? O que você vai fazer hoje para dar um basta em seus medos? E se você parar de contar historinhas sobre seus medos? E se você fizer isso, como vai ser sua vida?

"

***N**ão desanime*
*frente ao medo,*
*nem dê poder para*
*ele sobre você, pois*
*o seu Deus já disse*
*que você é forte,*
*corajosa e capaz*
*de fazer qualquer*
*coisa Nele que te*
*fortalece.*

Joelma Borges

# Yanna Opazo

Empresária, nasci no Chile, cresci no Brasil e vivo em Portugal há 16 anos. Sou mãe de dois filhos extraordinários, Diana e Rodrigo, esposa de um homem forte e seguro, Floriano Ribeiro e filha de Kareen, a mulher mais forte, persistente e empática que conheço. CEO da empresa Le Opazo, local de empoderamento através de serviços estéticos, com o carro chefe em unhas artísticas. Sou especialista em Arquitetura e Arte das unhas, premiada internacionalmente em vários países, líder de equipe de competição e *Master Nail Artist*, formei mais de 500 mulheres no mundo das unhas presencialmente em várias partes da Europa e Brasil. Criadora de arte, desenvolvo técnicas artísticas em estrutura e pintura, formada em *Coaching* Integral Sistêmico pela Federação Brasileira de *Coaching* Integral Sistêmico, ajudo mulheres em seu processo de evolução, treinadora comportamental em constante evolução.


yanna_opazo

(351) 91266-8556

www. yannaopazo.com

# Não se cobre tanto

# 25

Por Yanna Opazo

A autocobrança pode até ser boa, mas precisa ser de forma equilibrada. Estava tudo bem enquanto eu me cobrava para cumprir ou melhorar e não estagnar, mas essa relação se tornou abusiva. O meu diálogo interno passou de amigo fortalecedor para um algoz feroz e amedrontado. Eu tinha que fazer, fazer mais e melhor e ainda escutava o algoz me recriminando: por que você se meteu nisso? Para que vai fazer isso? Quem vai querer isso de você? Ou "acha que isso presta para alguma coisa? Essa ideia é ótima, dá ela porque com você ninguém quer! Passava o dia me machucando.

Eu vinha sendo uma máquina de trabalho, perfeccionista e competitiva, não negava nenhum desafio, me carregava de obrigações porque, afinal, eu sou mulher e sou forte e guerreira, eu aguento. Era o meu normal! Meus pilares eram o trabalho e a família. O trabalho era também meu *hobbie*, a minha família era em primeiro lugar, mas dava mais atenção ao trabalho porque tinha a quem sustentar, eu tinha que ser a provedora. Então, minha vida não tinha uma roda, eu vivia mais feito um flamingo, apoiada numa perna, com um pilar forte no profissional e outro pilar, pela metade, no familiar, pois estava tão cansada e atarefada que nem dava a devida atenção. A atenção que eu gostava de realmente dar, a atenção que eu também gostaria de ter tido (eu estava adormecida, em modo automático 220 km/h). Os outros pilares? Embrulhados e pendurados nas costas. Eu nem sabia que existiam, estava muito ocupada!

**O alerta: Ansiedade**

O nó difícil de engolir descobri que se chamava ansiedade. Eu me perguntava: Mas como? Eu não estou ansiosa! Ele apareceu e foi piorando, me enchendo de medos. Comecei a entrar em colapso. A confusão de pensamentos era tanta que eu nem dormia. Eu pensava que ia amanhecer morta, tinha certeza de que era um aviso e eu estava chegando no fim da linha e não tinha deixado tudo pronto. Como eu poderia morrer, se ainda tinha tanta coisa para fazer? Eu nem dormia pensando em como fazer tudo a tempo. Me sentia incapaz, ignorante e pequena. Eu só pedia a Deus que me ajudasse a entender por que eu tinha esses comportamentos, eu pedia perdão por ser ingrata, mas eu não queria mais ser eu. Eu entrei na minha cabeça igual a Branca de Neve quando chegou na casa dos anões, só sairia de lá quando arrumasse aquela bagunça. Eu me recusei a continuar vivendo assim. Afinal a vida é isto? Não faz sentido!

A ansiedade foi um alerta para eu começar a despertar. Vivi um processo de *coaching* com a minha amiga extraordinária *master coach* Raquel Medeiros e experimentei grandes dores, me conheci, me perdoei e aprendi muito. Passei a buscar mais conhecimento sobre desenvolvimento pessoal e que também poderia ajudar outras pessoas. A cobrança excessiva já vem desde a infância, quando eu não tinha que tirar boas notas, mas sim a nota máxima, quando as crianças não queriam ser minhas amigas e zombavam de mim, mas nos trabalhos em grupo, queriam fazer parte do meu. Cresci contrariada e me sentia desenquadrada, o que me levava a cobrar ainda mais de mim. A ansiedade era apenas um aviso do meu corpo dizendo: "Ei! Você está ultrapassando algo que devia verificar, não ignore esse sentimento, vem lidar com ele".

Creio que o pânico já é a mente gritando desesperada: "Por que você não me escuta"? É muito importante parar para avaliar o que o seu corpo e mente estão dizendo. A cobrança saudável está sempre a perguntar: "Eu quero mesmo aceitar este desafio? Este passo está congruente com minhas metas? Se não está nas minhas metas, este projeto ou este acontecimento vai contra meus valores e estou disposta a me dedicar a ele agora, sem atropelar os meus pilares e projetos?

**Metas? Que metas?**

O algoz começa a falar quando a preguiça ataca, porque a mente não quer sofrer, a mente quer algo fácil. Então, manda mensagens como: Para que fazer isso? Você não consegue, aí entra no espiral da preguiça para a sabotagem, depois para o medo da rejeição (e se não gostarem?), medo do julgamento (e se você depende de aprovação, pode ser um grande impedimento), entra na comparação com os outros (fulano foi mais rápido, mais longe, fez melhor, eu não consigo cumprir agora fico pra traz) passa então para a frustração e sobrecarga. Um verdadeiro tufão de pensamentos. Eu começava com um e me interrompia com outro, atropelava tudo e no fim não fazia nada, ou já nem lembrava o que era. Eu não conseguia organizar meus pensamentos. Eu não queria ser uma vítima, já sabemos que somos responsáveis por nossos resultados, certo? Eu não sabia como era: COMO? Todos os nossos sentimentos são mensagens e como podemos obter respostas para essas mensagens? Fazendo as perguntas certas.

**1º. Identificar o que realmente sente**

Às vezes me sentia tão sobrecarregada que não sabia nem o que sentia. Então aprendi a baixar a intensidade do sentimento (Vocabulário Transformacional - Tony Robbins). Experimente, por exemplo: Em vez de se sentir sobrecarregada, pare e pergunte: "O que realmente estou sentindo"? Se pensar que está furiosa, pergunte novamente: Estou furiosa ou estarei apenas magoada? Ou será que apenas perdi algo? Assim, vai baixando a intensidade desse sentimento negativo.

Pode parecer bobagem, mas se eu posso dominar meus pensamentos, posso escolher como me sinto em relação a algo e o estado de fúria não vai mudar em nada a minha situação, então posso escolher sentir com outra intensidade.

"A curiosidade tem a sua própria razão de existir, o importante é não parar de questionar" (Albert Einstein)

**2º. Entender que nossas emoções querem nos proteger.**

Buscar de onde veio a mensagem em vez de ignorar ou tentar abstrair dos sentimentos

Ignorar os fatos não os resolvem, apenas empilham e causam a tal sobrecarga. Não precisamos matar um leão por dia.

"Se, se sente angustiado com alguma coisa externa, a dor não é de vida a essa coisa, mas antes à sua própria ideia dela. Você tem o poder de revogar a qualquer momento". (Marco Aurélio)

**3º. Confiança**

Lembre-se de quando conseguiu controlar uma emoção. Você já a controlou, pare e pense na ocasião e como lidou com ela de forma positiva. Por exemplo, em determinado momento eu estava deprimida e consegui sair desse estado. E em outro momento, comecei a me sentir assim novamente, então perguntei: "O que fiz? O que posso fazer semelhante a essa ação para sair rápido desse estado novamente"? Como dizem os escoteiros: Sempre alerta!

**4º. Processo de aceitação**

Bem, já conheço os fantasmas que me levam a cobrança, dizendo que não estou à altura (sabotagem, secretário da preguiça), levando-me a sentir insatisfeita, bloqueando a minha mente através de gatilhos. Por exemplo, por mais que eu faça algo bem, sou mestre nisso, em determinada ocasião ativou um gatilho e bloqueei. Como a fobia social. Um dia fui convidada para ir a televisão, organizei tudo, convidei uma equipe e ajudei todos na comunicação e quando chegou na minha vez eu paralisei. Comuniquei o que tinha a dizer, mas de forma insegura, algo que eu sabia perfeitamente. Conseguia ver o algoz rindo de mim dizendo, mais tarde a gente conversa. Solução: praticar a arte da dúvida fortalecendo a capacidade de resposta. A autocobrança exagerada nos leva a um processo de paralisia:

- ➔ Dificuldade de raciocínio
- ➔ Dificuldade em organizar ideias
- ➔ Falta de criatividade para resolver os problemas
- ➔ Carrasco de si
- ➔ Não vender o suficiente
- ➔ Apatia
- ➔ Comparação com os outros
- ➔ Sabotagem
- ➔ Medo
- ➔ Ansiedade
- ➔ Crise de identidade

**Tarefa:** Decida entre todas as coisas que lida, qual a mais importante. Concentre-se nela! Liste tudo o que é importante alcançar, tente por ordem de importância ou se estiver confusa, liste tudo e depois enumere por ordem de importância. O fato de escrever já nos dá a sensação de controle. Calma, vá escrevendo. Agarre na primeira coisa da lista e haja até dominalá. Assim que a dominar, seu cérebro vai desenvolver esse impulso e vai entender que o problema não é permanente e você pode encontrar solução, deixando de se sentir sufocado, sobrecarregado ou deprimido. Gerando autoconfiança.

"

Todos os nossos sentimentos são mensagens e como podemos obter respostas para essas mensagens? Fazendo as perguntas certas.

Yanna Opazo

# Daiana Cerqueira

É *master* treinadora integral sistêmica, formada pela FEBRACIS, a maior instituição de *coaching* do mundo. Mentora e realizadora de palestras e treinamentos, escritora, empresária, com 15 anos de experiência no Mercado Imobiliário, graduada em Administração de Empresas pela UNEF-BA, graduanda em Psicologia, analista de perfil comportamental-Cis Assessment, ministrante de cursos e alguns livros do PHD Paulo Vieira. Formação internacional em *Coaching* Integrado pela ICI - Integrated *Coaching* Institute, CEO e Co Founder do Instituto Rosa dos Ventos Treinamento e Desenvolvimento LTDA. Filha amada de Deus, esposa de José Tadeu Silva, mãe de Benício e Ester, Tia de Arthur e Olívia, sua missão é transformar vidas através da inteligência emocional e do autoconhecimento, auxiliando pessoas a encontrarem seu verdadeiro propósito, terem mais foco, clareza, consciência das suas emoções, alcançando maiores resultados nos objetivos que desejam para suas vidas.

*daianacerqueiraoficial*

*daiana.mcerqueira@gmail.com*

*+55 (75) 99928-7816*

# **Feito é melhor** do que o perfeito não feito

26

Por Daiana Cerqueira

A frase: "Feito é melhor do que não feito" é baseada na afirmação do general americano George Patton, que durante a 2ª Guerra Mundial, disse que um bom plano executado rigorosamente agora, é melhor que um plano perfeito executado na próxima semana. Não é à toa que a ideia central ainda hoje faz sentido. Perceba que muitos de nós temos a tendência de adiar, pensar exageradamente, buscar a perfeição. **Pense e produza**, faça o melhor hoje, pare de esperar e se autossabotar. Faça e corrija, esteja aberta a adaptações. Teste tudo, viva o extraordinário! Determine que você irá viver o que Deus tem de melhor para você, porque em muitas situações, vale mais a pena executarmos e concluir aquele projeto, do que deixar de fazer porque não vai conseguir concluir nas condições ideais. Descobri que um dos segredos do sucesso, é começar sem estar pronto.

Eu não era uma pessoa que tinha rede social ativa, vinha procrastinando para fazer publicações e gravar vídeos, porque sempre ficava me comparando com outras pessoas. Eu queria ser tão boa quanto as pessoas que já faziam isso, então arrumava desculpas para não começar, tudo virava um obstáculo como: falta de microfone, falta de iluminação adequada, câmera etc. Obstáculos esses que eu criei, porque na verdade, a falta desses itens, não me impedia de me tornar ativa nas redes.

Hoje, tenho um compromisso comigo e com meus seguidores, de estar em um constante processo de aperfeiçoamento, fazendo o meu melhor, com o que tenho. Precisamos colocar nossos projetos em movimento, como dizem: fazer acontecer. Muitas vezes, vão acontecer coisas que nos tirarão do eixo, mas é só respirar fundo, replanejar, ressignificar e está tudo bem de novo! Nos cobramos tanto, impomos tantas barreiras para nossas realizações, que acabamos nos frustrando demais. Falando em frustrações, elas fazem parte da nossa vida, aproveite para extrair coisas boas da situação, sim, tem sempre um lado bom, até nas piores coisas que nos acontecem.

**“A Ação cura o medo e o perfeccionismo”.**

Temos a errônea ideia de que perfeccionismo é um problema. Quantas vezes, em uma entrevista de emprego, por exemplo, quando perguntam nossos defeitos, falamos que somos perfeccionistas? O perfeccionismo só passa a ser um problema, quando ele é exagerado. Aliás, tudo que é demais, é ruim. Aprendi que a passividade é um bloqueio. Nossa passividade bloqueia nossos grandes sonhos e objetivos e acabamos nos achando incapazes de conquistar, por exemplo, uma casa, um carro, um trabalho, um cargo, enfim, acabamos ficando paralisados, sempre procrastinando as coisas e as ações. Então, precisamos abandonar a passividade e dar passagem para as atitudes, paixões, determinações e prosperidade.

O mundo real, pode ser o mundo ideal. Para isso você tem que entender que você é a protagonista e a autora da sua história. Não estou dizendo que é fácil, mas estou afirmando que não é impossível! Por isso, minha amiga, ATITUDE e PERSEVERANÇA.

**“A sorte segue a coragem (Mario Sergio Cortella)”**

Já ouviu a frase: Menos é mais? Sim, não precisamos de muita coisa para nos tornar profissionais de sucesso, podemos fazer acontecer, com determinação e dedicação. Podemos construir bases sólidas, se nos empenharmos e aproveitarmos todas as oportunidades que nos são oferecidas pelas pessoas e pela vida. Lembre-se a casa não é construída de uma vez, ela é construída tijolo a tijolo, uma laje de cada vez, um azulejo de cada vez. O mundo pode tirar tudo de você, mas seu conhecimento jamais, portanto seu conhecimento é seu primeiro passo, a lei de **Parkinson, revelada em 1955 diz: "O trabalho se expande de modo a preencher o tempo disponível para a realização"**. Coloque prazos e metas em seus objetivos. Crie um cronograma, foque, faça *checklists* diários. Uma dica: não coloque seus objetivos e sonhos a longo prazo, isso desanima. Você pode, você consegue! Busque conhecimentos, busque se autoconhecer, faça de suas descobertas sua força propulsora. Tenha domínio das suas emoções, você verá que as coisas irão fluir melhor do que você esperava.

A busca pelo autoconhecimento é de fundamental importância, procure entender o que te faz ficar em movimento, o que te impulsiona, o que de fato vai fazer você gerar mais consistência do que intensidade. Faça o seu melhor na condição que você tem, é uma questão de atitude, existem pessoas que em nome das condições não fazem o que tem que ser feito.

"A felicidade é o combustível da produtividade"

Algumas dicas para superar o perfeccionismo:

**Trace metas**. O segredo é traçar metas modestas para poder conseguir realizá-las. Isso evita que você fique procrastinando.

**Enfrente o medo.** O fato de você querer sempre a perfeição, o medo fica por trás querendo "te proteger", do risco das críticas, do fracasso. O Importante é avançar!

**Não tenha medo de errar**! Aprenda com os erros, quando temos medo de errar, ficamos paralisados. Esteja sempre disposta a aprender, isso vai diminuir sua ansiedade e sua capacidade de produzir vai aumentar.

Diante de tudo que foi exposto, responda às seguintes perguntas:

Nas condições que você tem hoje, está fazendo o seu melhor ou o possível?

____________________________________________________

____________________________________________________

____________________________________________________

Quais as áreas da sua vida que você vem procrastinando por estar em busca da perfeição?

____________________________________________________

____________________________________________________

____________________________________________________

Qual simples ação você pode executar em cada uma dessas áreas e que já lhe ajudará a avançar?

____________________________________________________

____________________________________________________

____________________________________________________

Você está usando seu tempo com sabedoria? O que você poderia fazer para aproveitá-lo melhor?

____________________________________________________

____________________________________________________

____________________________________________________

Em qual momento de sua vida você precisou tomar uma iniciativa ou executar um projeto em um curto prazo de tempo e que você obteve ganhos consideráveis? Quais foram os ganhos?

“

*A ação cura o medo e o perfeccionismo.*

Daiana Cerqueira

# Ana Rogério

Ana Lúcia Rogério da Silva, nascida em 25 de janeiro de 1968 na cidade de Salvador - BA. Filha de Eládio Gomes da Silva e Margarida Rogério de Souza Silva, mãe de Matheus (25) e Mariana (20), irmã de Teresa, Toinho, Telma, Gracinha, Leninha e Paulinho. Graduada em Administração de Empresas pela Universidade Federal da Bahia, 34 anos de experiência em Gestão e Liderança e pós-graduada em Finanças Corporativas pela FGV. Empreendedora, *master coach* Integral Sistêmico formada pela Febracis (Federação Brasileira de *Coaching* Integral Sistêmico) e pela Flórida Christian University, com especialização em Coach de Carreira, consultora empresarial, gestora de análise comportamental. Pós-graduada em Neurociência e Performance Humana. É, também, uma das ministrantes oficiais dos Best sellers "O Poder da Ação", O Poder e a Alta Performance, O Poder da Autorresponsabilidade do PHD Paulo Vieira, dentre outros do mesmo autor. Idealizadora e criadora do Método S. A. Superando Adversidades.

Seu lema é crescer e contribuir fazendo sempre um pouco mais!


*anarogerio_*

*+55 (71) 99194-6162*

# Coragem para recomeçar

27

Por Ana Rogério

Será que não está na hora de dizer um "CHEGA" bem alto, acompanhado de um tapa na mesa e mudar o rumo da sua história? O primeiro passo, para recomeçar é tomar uma decisão. Quando você pensa em recomeçar algo, é porque ou está insatisfeita com o estado atual no qual você se encontra ou até mesmo por não querer desistir de um grande sonho, que por algumas adversidades da vida deixou de arder forte no seu coração, mas que ainda está vivo no seu íntimo. Mudar o passado é impossível, mas você pode criar oportunidades para recomeçar uma nova história.Você precisa entender que o comando do barco da sua vida está nas suas mãos e você precisa se posicionar como protagonista da sua história, senão você será um eterno coadjuvante sempre à espera que os outros lhe digam a hora de entrar em cena.

*"Ser autorresponsável é ter a certeza absoluta, a crença de que você é o único responsável pela vida que tem levado. Consequentemente, é o único que pode mudá-la e direcioná-la."* **Paulo Vieira**

Eu sou Ana Rogério, tenho 53 anos, sou mãe de Matheus e Mariana, meus maiores motivos, fui casada por 24 anos e sempre levei uma vida pautada na verdade, coragem e no respeito. Quero contar para vocês, o dia do meu CHEGA, essa data foi muito importante, pois a partir dali eu passei a me conhecer profundamente, entendendo e aceitando minhas vulnerabilidades, pois até então sempre me mostrei como "a determinada" que estava sempre certa. O orgulho fazia parte de mim e pedir ajuda não fazia parte do meu dicionário.

*"Você não pode alcançar a coragem sem encarar a vulnerabilidade. Aceite a dificuldade."* **Brené Brown**

Posso dizer que tenho 32 anos trabalhando numa única empresa e no início da pandemia em março de 2020, comecei a ficar apreensiva em relação ao meu futuro, ao futuro dos meus filhos, pois sabia que meu trabalho a qualquer momento teria um fim aqui em Salvador. Um vazio enorme passou a conviver comigo diariamente, mas ao mesmo tempo sempre tive muita fé em Deus e isso me fortaleceu para tomar uma decisão.

Mesmo com poucas economias, analisei algumas instituições e escolhi a Febracis – Federação Brasileira de *Coaching* Integral Sistêmico para investir em alguns cursos online voltados para novos negócios e desenvolvimento humano, os quais teria a opção de repeti-los presencialmente assim que fosse amenizada a situação do país. Então, passei grande parte dos meus dias estudando, debruçada sobre os livros. Entrei em um processo profundo de autoconhecimento, aumentei minha conexão com Deus, inclui a meditação que no início durava apenas cinco minutos e intensifiquei a prática diária da atividade física. Entendi a importância de alinhar o corpo, a mente e o espírito, que sempre ouvi falar sobre isso, mas não dava a devida atenção.

A cada curso que fazia, me vinham muitas ideias, muitos *insights* e comecei a sentir que algo grandioso aconteceria na minha vida, a cada dia imergia com mais vontade e a certeza de que eu estava no caminho certo só aumentava. Relatei esses fatos, para inspirar você a ter coragem de recomeçar, a ter coragem de sair da zona de conforto, a ter coragem de não se contentar com uma vida mediana, só porque está tudo bem. Quando comecei a estudar e me aprofundar, passei a ter visões que antes não estavam claras. E como disse Einstein: "A mente que se abre a uma nova ideia, jamais voltará ao seu tamanho original".

Passei por diversos desafios com meus filhos, mas como estava fortalecida espiritualmente e continuava buscando aprender, consegui superar os desafios que apareceram. Lembro de um trecho de um slide de um curso que fiz com Elaine Ourives (Treinadora de Cocriação e Física quântica) que me chamou muita atenção que dizia assim: "A falta de fé é a desistência precoce; acontece quando a pessoa é afoita e espera apenas os resultados imediatos não respeitando o tempo da colheita", isso é bíblico, podemos ler em Eclesiastes 3: "Para tudo há uma ocasião certa; há um tempo certo para cada propósito debaixo do céu". Afinal sabemos que não existe uma boa colheita sem a constância.

Decidi mudar a minha história, percebi o quanto ainda poderia realizar e resolvi entrar em ação, pois não queria ser lembrada como uma pessoa que tinha muito potencial, dar a ideia de que tinha habilidades, mas não havia colocado para fora, não tinha agido quando deveria. Quero ser lembrada como uma potência que ajudou muitas pessoas a tomarem a rédea das suas vidas e realmente serem quem elas nasceram para ser, realizando sonhos adormecidos.

Hoje, continuo trabalhando para a empresa que mencionei no início e fui convidada para um grande projeto que tem tudo a ver com meus princípios e valores. Eu que achava que o *deadline* estava próximo nessa jornada, uma oportunidade surge. E o mais incrível, é que todas as minhas formações e pós-graduações que fiz do ano passado para cá, tem tudo a ver com esse novo desafio que iniciarei. Acredito que meu alinhamento corpo, mente e espírito atraiu tudo isso, a física quântica explica muito bem todas essas conexões. Esse alinhamento é fundamental para o fluxo seguir na trilha certa de realizações, é como se estivesse num campo mágico.

Hoje, além desse novo projeto na empresa que trabalho, atuo como consultora empresarial, palestrante, *master coach*, dou treinamentos empresariais ajudando pessoas a se desenvolverem na sua vida pessoal e profissional, levando uma vida sistêmica, que é uma vida equilibrada, mostrando que é possível ser bem-sucedida profissionalmente, dar atenção a sua família, ter uma vida social, uma vida saudável e poder desfrutar de uma vida próspera e abundante. Perceber isso foi uma virada de chave muito importante para mim, que até então achava que ser bom em uma área precisava ser insuficiente em outra. Aprendi que ser honesta e transparente é a chave do sucesso em todas as áreas da vida.

Você deve estar se perguntando, o que mais posso fazer para ter coragem de dizer o tão esperado CHEGA? Se você procurar o significado da palavra coragem no dicionário, verá lá: postura firme diante dos riscos ou do perigo; bravura; capacidade de agir apesar do medo. A pessoa com uma coragem verdadeira tem dois traços fortes, um é a confiança em Deus e o outro é a capacidade de ser o que é. Você não muda quem você é para agradar as pessoas. O recomeço é o início de uma nova jornada, só que agora mais fortalecida, com mais sabedoria e com os aprendizados do passado.

Eu te convido agora a se permitir visualizar algo muito importante que você quer realizar. Feche os olhos, coloque um fundo musical (*Beethoven's 5 secrets*), coloque um sorriso no rosto, veja a cena em detalhes, onde você está, como está o clima nesse momento, se faz frio ou calor, qual a roupa que você está vestida, sinta a emoção que invade seu corpo, o que as pessoas dizem para você e o que você diz para você mesma, quem são as pessoas que estão ao seu lado e sinta cada detalhe até a música terminar. Repita essa visualização diariamente assim que acordar! E em seguida, agradeça por 10 coisas boas da sua vida.

Termino este capítulo, com o coração cheio de gratidão por poder contribuir para que você tenha coragem de recomeçar, pois uma coisa é certa, DEUS não planta um sonho no nosso coração que a gente não seja capaz de realizar. Fiz questão no início de dizer minha idade (53) para encorajar você, que pode ter menos ou mais idade do que eu, que não existe o tempo certo de recomeçar, o tempo certo é quando você decide realmente mudar o jogo que você está jogando, diz aquele famoso CHEGA bem alto e parte para ação!

Te convido a continuar sua jornada, afinal quem para no meio do caminho, não chega a lugar nenhum.

"

*Mudar o passado é impossível, mas você pode criar oportunidades para recomeçar uma nova história. Você precisa entender que o comando do barco da sua vida está nas suas mãos.*

Ana Rogério

# Ityara Santana

Sou uma serva amada do Senhor, determinada, forte e corajosa, esposa do Luciano Pedrão, mãe do Davi e da Emanuele, filha de dona Marialva e o sr. Francisco Valter (in memorian), irmã do Tiago, Itana e Luciana. Amiga e apaixonada pela vida e por cuidar de vidas. Contadora por formação (UNEB). Pós-graduação em Contabilidade Gerencial com ênfase em Controladoria (UFBA). Experiência como instrutora de capacitação para jovens aprendizes. Professora de curso técnico em contabilidade. Orientadora de empresas. Palestrante. Mentora. Criadora do Método FortaleSER. Com formação em *Coaching* Integral Sistêmico, analista de perfil comportamental, especialista em: Business para empresas, *Coaching* Financeiro, Oratória e Inteligência Emocional, Jeito de viver família, pela Federação Brasileira de *Coaching* Integral Sistêmico (FEBRACIS).


*coachityarasantana*

*+55 (71) 98255-1269*

*ityara21@hotmail.com*

# FortaleSer

# 28

Por Iyara Santana

A vida é uma jornada de constantes aprendizados. Diante dessa afirmativa me dou conta de como o processo se torna mais leve e impulsionador para seguir, diante aos desafios que surgem, quando temos esse olhar. Escrevo este capítulo às vésperas de completar mais um ano de vida e tomada por uma gratidão tremenda. Sinto a evolução de viver tendo mais força e plenitude no meu ser e espírito. Hoje, ao perceber que os aprendizados sobressaem em minha vida, olho no mais profundo do meu íntimo e sinto satisfação por me permitir viver o processo. É óbvio que tem sido uma construção, mas sigo avançando em Deus e observando onde eu posso melhorar.

Mulher, Deus nos deu uma força sobrenatural. E ao entender a profundidade de sermos imagem e semelhança Dele temos a dimensão que somos de fato uma sombra do criador, e quanto mais próximas estamos de Deus e da sua verdade sobre nós, mais próximas ficamos do nosso formato original. Mas para que uma sombra apareça ela precisa ser exposta à Luz.

Embora vivendo situações de caos, quando estamos perto da Luz e sabemos quem nos guarda, temos a certeza de que vamos sair mais fortalecidas do desafio que enfrentamos. Traga consciência e identifique:

Quais desafios você tem enfrentado atualmente em sua vida? Como você tem enfrentado cada um desses desafios?

É nesse momento que a nossa força é estabelecida, aprimorada, intensificada e/ ou restaurada. Em momentos desafiadores busque entendimento e clareza sobre os seguintes aspectos:

1. Preciso mudar / melhorar a mim

2. Vou ter que me posicionar

3. É necessário procurar ajuda

A mulher vive e desempenha vários papéis em sua jornada. Somos esposa, mãe, filha, irmã, amiga, profissional, atleta, serva, muitas são mantenedoras do lar, entre outras funções. Em meio a essa imensidão de atributos, na maioria das vezes ainda encontramos tempo para amparar e cuidar de quem nos rodeia, mas qual o momento em que de fato olhamos pra dentro e identificamos que precisamos de apoio, de mais atenção? Para resolver os problemas dos outros precisamos antes resolver os nossos.

E quando é que cai a ficha que precisamos parar, mudar ou melhorar algo em nós mesmas? Percebo que geralmente isso só ocorre quando a situação já está em um estado acelerado e totalmente sem freios. E entre as dores, as desilusões, os apertos, a mulher vai se tornando ou aprendendo a ser mais forte, mais resiliente, mais firme. Mas aqui ela está diante de um grande perigo, pois nessa ocasião ou a mulher muda e melhora a si, através de novos comportamentos e atitudes para se reconectar e voltar a sua essência alcançando assim a sua melhor versão, ou ela de tão forte que busca se tornar acaba endurecendo o seu coração para vida, se fechando para se relacionar com outras pessoas e colocando capas, armaduras para conseguir dar conta dessa vida à qual está inserida e criou em torno de si como forma de defesa.

Até quando você acredita que vai suportar carregar armaduras para se mostrar forte e que é capaz de dar conta de tudo? Aceite a realidade como ela é. Pare reflita sobre as suas fragilidades quando tiver enfrentando os desafios, isso vai provocar uma aceleração da sua transformação, do seu crescimento e do seu aprendizado. Percebo que no momento da dor não paramos para olhar nossas fraquezas nem para observar as debilidades que fomentam essa dor. E a tendência é deixarmos a dor passar para fazermos uma análise de tudo, só que na grande maioria das vezes quando ela passa buscamos olhar pra frente e não gastar energia olhando o comportamento que tivemos diante daquela dor e vamos seguindo.

Reconheça os seus padrões: Entenda o que pode estar disparando os gatilhos que trazem à tona situações que você quer evitar, pois se a fragilidade permanece, se ela continua com você quando vier outra circunstância desafiadora, como você vai se comportar? Lembro-me que em determinado ambiente em que eu estava inserida eu ficava nervosa e algo me descontrolava de alguma maneira. Então, eu comecei a me questionar todas as vezes que acontecia: Com quem? Quando? Por que isso acontece?

Percebi que o meu senso de justiça era ativado ao perceber que algumas pessoas não estavam tratando as demais da forma que deveria e isso me tirava do sério. Pude perceber e entender naquela circunstância o quanto o valor de justiça social é algo forte em mim e dessa forma consegui passar a ter o controle da situação ao sentir quando esse gatilho é acionado. Deus te fez para brilhar e viver sua verdadeira identidade, fugir é só estender e prolongar uma situação de risco e desconectar da sua essência.

"FortaleSER" é se tornar forte na mente, mas com o coração sensível, quebrantado reconhecendo as mudanças que precisam ocorrer para que haja um alinhamento nas áreas da sua vida. Ao se colocar nessa condição de vulnerabilidade você conseguirá se posicionar e, assim, viver os papéis da maneira certa, no tempo certo e na intensidade certa. Uma mulher bem posicionada nas áreas da sua vida consegue estabelecer uma rotina alinhada e equilibrada, pois coloca limites e entende que não possui o controle de tudo, se posiciona de tal forma a assumir com autorresponsabilidade os seus papéis, sendo flexível quando for preciso. Se coloca como ótima profissional, mas em casa ela se posiciona como a mãe, a esposa que desfruta de tempo de qualidade com quem ela convive; é a filha que visita ou cuida dos pais, realiza atividade física e o que precisa sem culpa, nem medos.

Essa mulher tem inteligência emocional para tirar o melhor dela, o melhor dos outros nas situações e transformar os desafios em ótimas possibilidades. Você pode estar pensando: Será que ela está falando da vida real? Sim! Você pode ser uma dessas mulheres que decidem viver um processo, seguir uma jornada e aprender a ter uma vida alinhada, ajustada e adequada à sua rotina e aos seus papéis. Como costumo dizer: Não é sobre facilidade, mas sobre criar possibilidades e decidir viver uma vida em abundância pagando o preço de se transformar a cada dia para se tornar a mulher forte no corpo, nas emoções e na espiritualidade.

E nessa caminhada é necessário buscar ajuda, reconhecer que sozinha você pode até conseguir, mas talvez demore mais, se torne mais desafiador e até mais cansativo. Ao procurar ajuda você terá melhores e maiores condições de seguir uma rota mais direcionada e assertiva. Além disso, é interessante que você se relacione com pessoas que não dizem o que você quer, mas que conhecem as tuas fraquezas, que as expõe pra você quando vê que elas estão ameaçando seus objetivos, e que joga com verdade, na mesa essas fraquezas para que você saia dali fortalecida.

E assim, você terá mais controle das suas fragilidades e conseguirá gerar mais aprendizados em sua jornada.

É importante você entender que a vida é feita de fases e de processos, não existe sucesso sem enfrentamento dessas etapas. Analise e recalcule a rota se for necessário, recarregue as forças, peça ajuda e siga. As ferramentas que tenho utilizado para crescer, amadurecer e me transformar a cada dia são: Inteligência Espiritual (intimidade com Deus), Inteligência Emocional (fortalecendo as emoções e a identidade) e Exercícios físicos (colocando meu corpo em movimento).Vejo essas poderosas ferramentas como sustentação do ser humano: corpo, alma e espírito precisam estar muito bem alinhados. Isso tem me permitido seguir o processo com mais facilidade, pois me ajuda a eliminar os medos (de fazer, de dar o próximo passo, de arriscar, sobre o que vão falar de mim), as confusões mentais (crise de identidade, espírito de crítica) que não devem fazer parte do meu SER. Precisamos ser melhores a cada dia por nós, pelo mundo, pelo nosso propósito e pelas pessoas a quem amamos, aprendendo a cada momento e tendo novos comportamentos. Isso, certamente vai alavancar os nossos resultados nos tornando mais fortalecidas.

É hora da mudança! Se aceite! Se valorize! Sorria mais! Se ame mais!

Troque a culpa pela responsabilidade! Se fortaleça!

**Vamos entrar em ação? Responda:**

1. Qual área em sua vida você precisa "FortaleSER"?
2. Quais situações lhe incomodam nessa área?
3. Quais erros você identifica em seu posicionamento nessa área?
4. O que você pode fazer para melhorar nessa área?
5. Qual resultado você vai ter nessa área?

"

(FortaleSER) é se tornar forte na mente, mas com o coração sensível, quebrantado, reconhecendo as mudanças que precisam ocorrer para que haja um alinhamento nas áreas da sua vida.

Ityara Santana

# Nelsonivia Souza

Pedagoga, mestre em Educação e *master coach*. Especialista em desenvolvimento pessoal, contribui para o crescimento de pessoas negras por meio de atendimentos individuais, em grupo, palestras e *workshops*. Possui 24 anos de experiência como professora e coordenadora pedagógica, na qual atua como agente de transformação social e acredita no poder da educação como processo de inclusão e transformação humana e desenvolvendo um trabalho consciente focado na educação antirracista. Trabalhou como funcionária pública do município de Itaberaba e Lauro de Freitas, na Bahia, além de viajar fazendo palestras durante dois anos. Como *master coach* tem direcionado indivíduos no processo de trilhar o caminho do autoconhecimento e desenvolvimento emocional. Formada pela Febracis em *Coaching* Integral Sistêmico, analista de perfil comportamental Cis Assessment, ministrante dos cursos: Como decifrar pessoas, O poder da autoresponsabilidade e O poder da ação. Estudante de psicanálise pelo Instituto Pulsional. Filha de Nelsonita e Ademir, mãe de Joaquim Souza, "boadrasta" de Victoria e esposa de Jackson. Coautora no livro O Legado.


*nelsonivia*

*nelsoniviasouza@gmail.com*

*https://linktr. ee/nelsonivia*

*nelsoniviasouza@hotmail.com*

# Quarentei e agora?
## Quero cinquentar

# 29

Por Nelsonivia Souza

Reza a lenda - não sei qual - que só não envelhece quem morre jovem. Sendo assim, vamos viver! É inevitável a velocidade e a passagem do tempo. Parece que foi ontem que fiz 15 anos e depois os tão sonhados 18.Tenho a sensação de muito recentemente ter feito 35 anos e a partir daí tive a sensação de que tudo estava passando rápido demais. Compreendo que estava muito jovem para tanta pressa, não sou de ter tanta pressa assim, nunca tive! Todavia as cobranças da sociedade tendem a nos apressar: Vai casar? Olha sua idade! E os filhos, terá quando? Você já tem isso? E aquilo? E o seu apartamento, seu carro, seu emprego, sua viagem? Tudo parece ter que acontecer antes dos 40 anos, e para muitos acontece, mas para outros não.

Quando os quarenta chegou percebi a existência de uma exigência com o "ter", numa lógica de que a vida é curta e que você tem vida útil. Sem entender esse desespero, mesmo sabendo de gente desesperada antes dos 30 (sem saber muito bem o porquê), eu acredito que a vida "começa" aos 30, sendo assim aos 40 estamos remoçando. Nessa teoria, o peso que depositamos não valida. Atento para a realidade de que a vida nos parece longa aos 15 anos e curta depois dos 40 e vejo que são apenas ciclos. Se curta ou longa, depende do olhar de cada um. Sabendo que se você chegou aos 40, agradeça, muitos não chegam! Sabe-se que não dá para deixar tudo para depois, pois, o tempo cronológico é real e, por mais vitalidade que tenhamos, as limitações chegam, os padrões continuam tentando nos dizer o que cabe e o que não cabe, para isso ou para aquilo. Nessa cronologia, felizmente, a longevidade existe e vem aumentando no país.

Quando nos deparamos com o que seria "metade" das nossas vidas, vemos que muitos de nós não garantimos uma velhice confortável e saudável. Compreendo que a vida acaba sendo longa para quem vive 90 anos não tendo um plano de saúde, uma aposentadoria privada ou um espaço de cuidados estruturado, já que nosso Estado não dá conta das nossas necessidades básicas dentro do que seria direito garantido. Realmente para se ter um envelhecimento saudável é preciso que haja um planejamento psicossocial e financeiro ao longo da vida, se preparando para a chegada da terceira idade com dignidade e respeito. Isso é longo e às vezes assustador, pois muita coisa precisa ser feita em pouco tempo para se "ter" o que é preciso para "ser" até os 40 ou 50. Precisamos viver plenamente o hoje, pois, nem sabemos quanto tempo teremos. Essa é uma realidade.

O ideal é que você viva para você desde sempre! Caso isso não tenha acontecido até hoje, agora é a hora! É chegado o tempo de dar mais significado à sua vida. A tão almejada plenitude é muito relativa e tem um significado particular. Nesse caso, eu sigo partindo da ideia que vida plena é dar conta da minha própria vida e vivê-la de forma saudável, equilibrada, com qualidade, gratidão e comunhão com Deus e com o outro. É tomar as rédeas da própria vida descobrindo quão boa ela pode ser e o quanto sou essencial para mim e para os meus. Quem sabe também a tensão dos 40 anos esteja relacionada com a estética, como dizem por aí. É evidente que temos um corpo sendo modificado com o passar dos anos. Nos perguntamos "Oh céus, cadê o colágeno que estava aqui? Estou perdendo "gordura" facial, com tantos outros lugares para perder gordura? E esse metabolismo que desacelerou?" Entender que não dá para viver como se tivesse 15 anos é importante para aceitar os 40. A minha disposição para o salto alto e fininho já não é a mesma, tornando-o desconfortável. Muita coisa que fazia sentido, antes agora nem é tão importante assim. Penso que para questões estéticas existem tratamentos mil, onde cada uma decide o que é preciso para si. Sem julgamentos por aqui! O importante é nos sentirmos bem com 35 ou 50. Se houver crise é importante ver a possibilidade de encarar e solucionar o que é possível solucionar.

Entendo que temos rugas, celulites, estrias e marcas do tempo. A gravidade existe de verdade, é inevitável! Envelhecemos desde o nascimento e talvez seja essa a raiz do medo de ficarmos velhas, muito porque associamos a velhice às doenças e dependência. Se negar o envelhecimento é a não aceitação desse processo, como querer viver uma vida longa sem o passar do tempo? São muitas reflexões. Sabe o que é melhor aos 40 anos? O entendimento do real sentido da vida e o convite à aceitação. A aceitação de reestruturar, encarar a vida com mais presença, encarar as transformações que acontecem desde o físico até os valores. Nós, mulheres, aos 40, definimos melhor nosso lugar, nos tornamos mais assertivas e decididas. Os 40 são um convite a melhorar a nossa performance! Chegam como se chegasse a hora de voltar o olhar para nós mesmas.

Uma nova chance de desenvolver ainda mais o seu potencial. Surge a sensação de que é preciso remoçar, cuidar mais de si, de perceber a vida com mais alegria e, se preciso for reavaliar a rota. Os anos que chegam nos dão garra para agir, agradecer os encontros, os desencontros, as vivências, é o nosso momento de organizar a vida e deixar ir o que não nos faz bem, de desapegar dos padrões e estereótipos impostos por uma sociedade machista e racista. É um convite a elencar nossas prioridades, definir o que é essencial, parar de "apagar fogo" e cuidar só de urgências. Cabe, caso queiram, assumir o desafio de mudar de ótica, de perceber os 40 ou 50 anos como uma nova fase, e não com o aproximar do fim da vida.

Nessa idade, percebemos sim que a vida é finita e desejamos tê-la mais, possuí-la, mas não dá para passar por ela sem compreender também que a menopausa vai chegar e que precisamos viver bem com mais idade. Tem um momento em que você decide viver o que faz sentido, olhar para dentro e se reinventar, assumir o que realmente te deixa bem. Com a maturidade você entende que tem lugares e caixas que não te cabem e vai cuidar da sua vida, uma vida com propósito e com menos tempo a perder.

➔ E se melhorar a autoestima para aceitar o processo de envelhecimento for um caminho?

➔ E se valorizar sua caminhada e suas marcas da vida for um caminho? E se você resolver viver nessa fase as tensões da vida de forma mais estimulada por suas prioridades?

➔ E se entender que tem muita coisa para viver e muitos dias para ser feliz?

➔ E se entender que o que passou, passou?

➔ E se... como será, a sua vida; então?

O universo e Deus confirmam que a vida acontece agora, que não sabemos o que existe do outro lado da curva, são muitas possibilidades. Você sabia que ser você mesma é muito poderoso? Realista e autêntica desse jeitinho que te faz querer viver mais e mais! É preciso pensar como envelhecer bem e não como não envelhecer. A vida é boa e acontece agora, nossa idade não tem que ter o conceito dos anos. Não deve ser um peso completar idade nova. A sua verdadeira idade tem a ver com a leveza da sua caminhada, com o que se edifica no caminho, com o legado que você deixa aqui, ali e acolá. É chegada a hora de definir seu lugar no mundo, com seus vários pedacinhos, com suas frustrações e conquistas, com suas fortalezas e fraquezas, suave, completa. Não dá mais para fugir de si e, assim, vamos dando passos para dentro do nosso ser. Se tem um negócio bom aos 40 ou 50 é que somos capazes de saber - ou descobrir - quem nós somos e respeitarmos as pessoas também como elas são, cada um com suas dores e amores.

Talvez nessa fase da vida você não está tão tolerante com a acomodação, agora você quer o seu lugar no mundo! Muitas vezes a gente se perde para se encontrar e reconectar-se consigo mesma é o mais importante. Nesse encontro o "ter" desimporta. Eis que surge algo essencial: desenvolver nosso potencial de resiliência. Uma atitude desafiadora, mas possível, mesmo porque esse movimento é a própria vida. Te convido a refletir comigo e, se sentir vontade, registre essa reflexão num processo de autoescrita: Pense em como você encara a passagem do tempo na sua vida, reflita sobre a dificuldade em aceitar mudanças físicas e funcionais que têm acontecido no seu corpo e, pensando nessas perguntas, escreva uma carta para você relatando e visualizando como se vê daqui a 10 anos.

De repente, estaremos aqui, dizendo que queremos mais vida e que os 50 anos podem ser a melhor idade!

"

*A sua verdadeira idade tem a ver com a leveza da sua caminhada, com o que se edifica no caminho, com o legado que você deixa aqui, ali e acolá.*

*Nelsonivia Souza*

# Gleiciane Araújo

Gleiciane Araújo, 37 anos, casada com Maurício Gomes Nunes, dois filhos, a Mariana Gomes de 8 anos e o Miguel Gomes de 3 anos, Filha amada do Pai, Advogada, Empresária, Ministra do Evangelho e Mentora Expert em Identidade de Poder para Mulheres que buscam se Posicionar no seu Propósito, através da Libertação, Cura e Santificação.


gleicianearaujon

contato@gleicianearaujo. com. br

+55 (64) 99658-2190

gleicianearaujo.com.br

# **O RECOMEÇO ÚNICO** como princípio do extraordinário.

30

Por Gleiciane Araújo

**Ativação das 3 Liberdades – Corpo, Espírito e Mente Amada, "*o final nunca será o fim; apenas o ponto do Recomeço Único, para uma vida extraordinária*". Te convido a mergulhar nos três ciclos, imprescindíveis, para uma experiência de vida transformadora.** Nasci num lar desajustado e de muita escassez financeira; filha de mãe solteira, fui criada por meus avós, sofri muitos abusos, inclusive sexual. Esse ambiente causou inúmeras fraturas e bloqueios emocionais.

Hoje, vivo o extraordinário. Edifiquei, construí uma família forte e feliz. Tenho êxito cultural, financeiro e cumpro a missão de curar e libertar mulheres, através da Inteligência Emocional Integrada. Por isso, criei **MRU – Método Recomeço Único para uma vida Extraordinária;** ativador da identidade, propósito e liberdade, nas três esferas: corpo, espirito e mente. Você não precisa de eternos "recomeços"; existe apenas

RECOMEÇO ÚNICO, e lhe mostrarei alguns dos seus fundamentos.

## CICLOS DECISIVOS PARA UMA VIDA EXTRAORDINÁRIA

Se você busca o extraordinário: viver em paz, abundância, plenitude, realizada e feliz na vida pessoal e profissional; além de cumprir a missão de Deus aqui na terra, bem-vinda. Uma vida extraordinária, exige decisões corajosas e passagem pelos seguintes ciclos:

**CICLO DO VALE** - Fase do rompimento da Dor egoísta:

Aqui, você percebe-se uma mulher sem identidade, frágil, dependente, inocente, sem propósito e valores definidos. Ao mesmo tempo, dura, inflexível, sem afeto e, resistindo cumprir sua missão/propósito. A carne dói, o desespero toma a alma e o espírito abatido, aprisiona a

mente, num sofrimento contínuo e profundo. Sente-se perdida, não sabe qual direção seguir; está insegura, e o medo lhe prende às condições visíveis. A vitimização arde nos seus ossos e você cria armaduras impenetráveis, como o orgulho, prepotência, afronta, arrogância, insensibilidade, rejeição.

Os pensamentos e sentimentos negativos lhe dominam e, sem remorso, é capaz de deixar todos que ama. Essa armadura protege, mas te deixa cega e insensível. Acreditava com força "*que eu não podia ter tudo na vida*", uma vida pessoal feliz e uma vida profissional de sucesso ao mesmo tempo; então, inconscientemente elegi meu trabalho como o pilar mais importante (era uma "*workaholic*" viciada em trabalho); logo, meu casamento definhou e a família que tanto amava, não era mais prioridade; eu não me reconhecia mais, estava perdida.

Ativação da liberdade no espírito

Tudo começou a se transformar, pois a identidade de filha e instrumento para cura e libertação, foi revelada num sábado, dia 26 de maio de 2018; quando uma força inexplicável; o Espírito Santo, através de minha boca, começou a falar ousadamente coisas secretas e ocultas, da vida de uma mulher que estava comigo. Imediatamente, ela recebeu a cura de um estado depressivo e foi liberta de um espírito suicida. O mover de Deus foi real, intenso e, ao mesmo tempo que tomava minha boca e pensamentos, para ministrar, senti um toque de luz e energia, em minha fronte. Era como uma flecha, que atravessa o alvo. Foi o toque sublime do Espírito Santo, me curando. Meus olhos que antes eram sem brilho, opacos, como escamas de peixe; agora cintilavam de vida e alegria. Descobri que tudo aconteceu, porque olhei com amor e compaixão, para aquela mulher. Se você necessita de qualquer benção, é necessário transbordar na vida de outras pessoas que passam por semelhante situação e romper com a dor egoísta através da compaixão.

CICLO DO DESERTO - Saia do meio da multidão

Renovação Da Mente

Fui tocada por Deus, ativada e livre no espírito; porém, para tornar- me uma Mulher Extraordinária, decidi sarar minhas emoções, buscando habilidades que me capacitassem a viver de forma plena e completa: a Inteligência Emocional. O primeiro passo envolve o autoconhecimento, que ativa o "Poder da própria história"; através da honra, do respeito e da ressignificação, permitindo, sarar a mente, emoções e memórias mais profundas. O tempo do deserto, é necessário para o autoconhecimento. Nele você sai de cena, do palco e do meio da multidão; para silenciar, refletir com seus próprios pensamentos. Fazer novas e conscientes escolhas e, sobretudo, aceitar ser conduzida pelo Espirito Santo de Deus.

No silêncio e introspecção, longe dos holofotes e da estrutura de poder terreno, pode-se contemplar a glória e o poder de Deus preenchendo sua vida. Aprende-se a guardar os sentimentos e o coração; revelando apenas o que realmente importa: você, Deus e a renovação da mente. Para a renovação da mente (Romanos 12:2), é necessário abrir mão dos velhos conceitos, crenças, modo de viver, lugares e até amizades; pois é no deserto que seus limites serão testados e colocados a prova. Sua mente será forjada de modo a resistir qualquer tentação do inimigo.

CICLO DE CANAÃ – **Submissão da carne a visão espiritual**

O Recomeço Único é obedecer a um chamado

Após você ser preenchida do autoconhecimento, o tempo de Canaã aciona todas potencialidades e habilidades e; apesar dos gigantes e das circunstâncias desfavoráveis, enxerga, pela fé, a visão de um futuro poderoso, extraordinário e abundante, capaz de ouvir a voz de Deus e entregar-se com confiança, verdadeiramente, ao seu cuidado. Quando tudo parece piorar neste ciclo, acalme-se; é o novo extraordinário de Deus se aproximando. Isso aconteceu em 12 de abril de 2019, manhã linda, de sol brilhante. Saí de casa decidida a licenciar-me do concurso público e empreender fortemente na advocacia; com a caneta e papel na mão, me chamaram com a notícia de que meu esposo fora "preso", de forma injusta e ilegal.

Naquele instante, recebi um baque muito forte, em segundos, voltei ao fundo daquilo que se chama de poço. Mas, o que poderia servir para minha ruína, foi mais um ciclo que venci, de forma extraordinária; já com uma mente forte, renovada, e com o espírito pronto e sarado.

Durante a dor, em viva carne; percebi que era apenas um sinal para que eu me colocasse em posição de **obedecer a um chamado**. Então, como o profeta Samuel, eu gritava com toda a minha alma *"Senhor eis-me-aqui fala que a tua serva ouve"*, entrei em total *"flow"*; num encontro poderoso e sobrenatural com Deus. Em espírito, vi face a face, minha própria carne, moída em transgressões. Era tempo de decisão. Então, aos prantos, com a boca no chão e, em alta voz, clamei: "*Eu aceito, eu aceito a minha missão, aceito viver os sonhos do Senhor, aceito tudo o que o Senhor projetou para minha vida*", e Lhe fiz a pergunta, que cada uma de nós devemos fazer: "*O que precisa que eu faça, o que queres de mim e eu lhe darei?*". Imediatamente, o Senhor me respondeu: "*Me entrega o seu coração, os seus planos, o seu concurso, a advocacia, tudo*". Eu respondi de mãos estendidas: "*eu te entrego tudo, é seu, agora faça um milagre na minha vida; que tudo o que me pedires eu o farei*". A chave virou, aconteceu. Fui capaz de ATIVAR minha IDENTIDADE E PROPÓSITO ESSENCIAL; entendi que minha vida não tem sentido, apenas para mim mesma, mas em nós. Não sei qual tem sido seu desafio, seu problema, seu poço, seu deserto ou até mesmo o seu vale; mas te convido a mergulhar fundo, em sua essência, através da Inteligência Emocional.

Amada, agora, respire, existe uma máxima da Programação Neurolinguística -PNL que diz: *"Se eu pude, você também pode" Se ninguém pôde, você será a primeira"*; e é com essa frase que te convido a refletir, qual o chamado de Deus para a sua vida que você tem resistido? Qual a visão que você tem projetado para o seu futuro? Será que você realmente confia nos planos que Deus tem para a sua vida?

Contudo, é necessário que você entre na jornada de Autoconhecimento e Inteligência Emocional, para saber como percorrer todos os ciclos e ativar a sua Identidade Essencial, revelando seu propósito e clarificando sua missão nessa terra. Afinal, você não precisa passar pela longa jornada que passei, tudo está preparado para você.

***"A "Identidade Essencial" revela o seu propósito que clarifica a sua missão na terra"***

**Amada para que você comece agora a sua jornada deixo aqui um exercício prático para ativar o seu Autoconhecimento em apenas alguns passos:** Escreva quais foram os três momentos maravilhosos e três momentos difíceis pessoal ou profissional da sua vwwida e porquê? (Qual o maior aprendizado?) Olhando para sua história, o que te move? O que te motiva? O que faz você acordar todos os dias?

*Deleita-te também no SENHOR; e ele te dará os desejos do teu coração."*

Salmos 37:4 – King James 1611

"

**O** final nunca será o fim, apenas é o ponto do Recomeço Único para uma vida extraordinária.

*Gleiciane Araújo*

# ANOTAÇÕES

# ANOTAÇÕES

# ANOTAÇÕES

# ANOTAÇÕES

# ANOTAÇÕES

# ANOTAÇÕES